AF247778

N° 89
1866

L'INVASION DE 1814

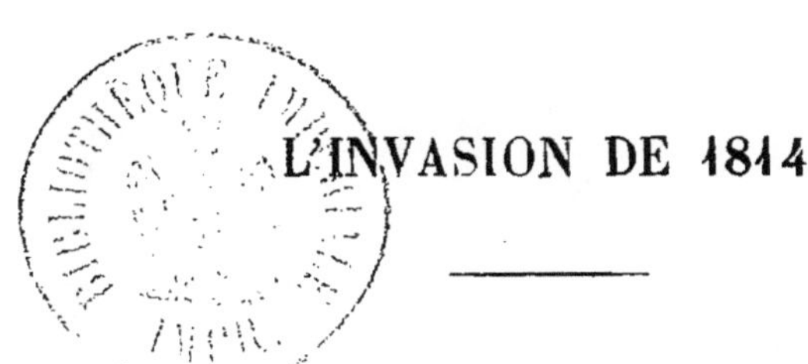

NAPOLÉON ET LES ALLIÉS

A TROYES

ET DANS LE DÉPARTEMENT DE L'AUBE

L'INVASION DE 1814

NAPOLÉON & LES ALLIÉS

A TROYES

ET DANS LE DÉPARTEMENT DE L'AUBE

Conférence faite au Cirque, à Troyes

Le 20 Juin 1866

PAR P. FONCIN

PROFESSEUR D'HISTOIRE AU LYCÉE

TROYES

IMPRIMERIE ET LITHOGRAPHIE DUFOUR-BOUQUOT
Rue Notre-Dame, 43 et 41

M D CCC LXVI

Cette leçon, écrite à l'avance, a été prononcée par l'auteur, d'après ses souvenirs, et de beaucoup abrégée. Il espère être agréable aux habitants de la ville de Troyes en la publiant intégralement et en y ajoutant des pièces justificatives qui intéressent l'histoire locale. Il s'empresse de saisir cette occasion de remercier l'auditoire qui a bien voulu lui donner des marques d'une bienveillante attention.

Messieurs,

En me décidant à parler d'histoire devant vous, j'ai dû chercher un sujet qui pût vous intéresser tous. Je n'en ai pas trouvé de plus populaire en Champagne que l'invasion des Alliés en 1814. Je tremble seulement d'avoir trop bien trouvé, et d'avoir entrepris une tâche trop lourde pour les forces d'un professeur novice, — à plus forte raison, pour celles d'un orateur inexpérimenté. J'ai du moins restreint le cadre du vaste tableau qu'éveille à l'esprit la date seule de 1814; je n'entrerai dans quelques détails qu'en ce qui concerne la ville de Troyes et le département de l'Aube. Le récit que j'entreprends sera encore assez long pour remplir une des soirées que mes prédécesseurs ont eu la bonne fortune de vous faire paraître trop courtes.

Je regrette la couleur funèbre du sujet. Quoi—

que triste la plupart du temps, l'histoire n'est pas plus faite pour attrister qu'elle n'est faite pour amuser. Son vrai rôle est d'instruire : j'essaierai de m'y conformer, en vous montrant la guerre telle qu'elle est. Ordinairement vainqueurs, les Français voient la guerre à travers les rayons éblouissants de la gloire; les vaincus seuls s'en font une juste idée; et, vaincus, hélas! nous le fûmes alors. Pardon, si je heurte dès l'abord votre amour-propre national; il m'a semblé que la France comptait une liste assez longue de triomphes pour oser une fois avouer une défaite.

Encore un mot, Messieurs, avant d'aborder le récit pur et simple des faits. L'histoire ne prétend pas être crue sur parole, et vous auriez le droit, — si je passais outre, — de me demander compte de mes autorités. Elles ne sont que trop nombreuses, lorsqu'on veut leur accorder à toutes une consciencieuse attention; car, à côté des auteurs bien connus qui ont écrit des ouvrages généraux relatifs à cette époque (1), il y a chez vous d'excellents chroniqueurs locaux (2), auxquels je rends

____

(1) M. THIERS : Histoire du Consulat et de l'Empire. — M. de VAULABELLE : Histoire des deux Restaurations. — DULAURE : Histoire de 1814 à 1830. — Le baron FAIN : Manuscrit de 1814. — DE BEAUCHAMP : Histoire des Campagnes de 1814 et 1815. — MORTONVAL : Id., etc.

(2) POUGIAT : Invasion des armées étrangères dans le département de l'Aube. — M. GONTARD : Récit historique des combats de Nogent-

hommage, et qui m'ont prêté sans le savoir un bien aimable et bien utile secours. Enfin, vos archives (3) sont riches encore, en dépit des malheurs qu'elles ont traversés, et de plus, elles sont largement hospitalières aux plus modestes curieux. Je suis heureux de pouvoir leur en exprimer ici toute ma reconnaissance. L'invasion de 1814 chez vous est donc, si j'ose le dire, un sujet mûr pour la science. Il n'attend plus que l'occasion de naître sous une forme définitive. Puisse cette paternité séduire bientôt l'un des érudits patients et sagaces dont votre ville s'honore, qui vous redise quelque jour en détail dans quelque beau livre, la douloureuse histoire que je tàcherai tout au plus de vous esquisser rapidement aujourd'hui.

sur-Seine en 1814 (Annuaire de l'Aube de 1861). — M. GUÉNIN : Troyes et le département de l'Aube de 1789 à 1848 (Mémoires de la Société des Lettres et Sciences de l'Aube, année 1855), etc.... — On peut consulter encore avec intérêt sur cette époque le Résumé de l'Histoire de Champagne de Montrol, le *Moniteur universel,* etc.

(3) Les archives de l'Hôtel-de-Ville paraissent avoir été dépouillées de toutes les pièces intéressantes qu'elles pouvaient renfermer. Le registre des délibérations du Conseil municipal lui-même ne mentionne qu'une seule délibération relative aux premiers mois de 1814; nous la citons plus loin. — Les Archives départementales seront réellement riches en documents sur le sujet qui nous occupe lorsqu'on aura pu les classer complètement. On peut consulter particulièrement les liasses R. 4481, R. 4466, Z. 593; mais les pièces les plus curieuses sont éparses un peu partout.

I

J'aurais trop à faire si je voulais vous énumérer,
Messieurs, les causes déplorables de l'invasion. Il
faudrait aborder d'orageuses discussions encore ouvertes sur Napoléon, ses projets, ses fautes et ses
malheurs; — et je ne vous déguiserai pas que je se-
rais fort embarrassé de vous apporter une opinion
toute faite sur un pareil sujet. Laissons à la postérité
le soin de juger définitivement une époque dont la
génération n'a pas complètement disparu, et dont
nous sommes trop les fils pour n'être pas un peu en
désaccord ensemble. L'histoire contemporaine ne
peut être qu'une simple chronique, et l'on doit, ce
me semble, s'attacher seulement à la rendre aussi
vraie que possible. Ce serait folie que de prétendre
poser sur tout un jugement définitif. Ce définitif-là
ne serait que du provisoire. Une justice plus impar-
tiale que la nôtre, celle de nos petits-fils, prononcera
tôt ou tard, en attendant que là-haut une autre décide en dernier ressort.

Il y avait eu, Messieurs, sous la République, des
campagnes de Belgique, de Hollande, de Suisse, d'I-
talie. Il y eut sous l'Empire des campagnes d'Autriche, de Prusse, d'Espagne, de Russie, d'Allemagne.
A la fin de 1813 commence la campagne de France.
Cette énumération seule indique la progression de la
guerre européenne de la fin du XVIIIe au commencement du XIXe siècle. La France avait combattu d'a-
bord pour son salut et pour ses frontières naturelles.

Ensuite, Napoléon avait visité en conquérant toutes les capitales de l'Europe. Cette fois, par un cruel retour, la France était envahie. Cette fois, vous auriez pu entendre sur le Rhin et le Jura, les étrangers se reconnaître dans leurs langues diverses au cri d'un seul mot, sur lequel ils s'accordaient tous : *à Paris! à Paris!*

La grande armée dite *de Bohême*, commandée par le prince de Schwarzenberg, composée d'Autrichiens, de Russes et de Bavarois, avait franchi le Rhin à Bâle, le 21 décembre 1813 ; elle entrait en Franche-Comté et en Alsace ; elle comptait plus de 160,000 hommes.

L'armée dite *de Silésie*, formée de Prussiens, de Badois et de Wurtembergeois, sous les ordres du maréchal Blücher, franchissait le Rhin, près de Mayence, le 1er janvier 1814 ; elle comptait 60,000 hommes.

Le rendez-vous était vers le plateau de Langres, pour se porter ensuite sur Paris par la Marne, l'Aube et la Seine. Votre département, votre ville étaient sur le grand chemin que les Alliés s'étaient tracé d'avance vers le but de leurs désirs, vers l'objet de leurs rêves, vers Paris.

Encore ne parlé-je ici ni de l'armée du Nord composée de Suédois, Russes et Prussiens, forte de 80,000 hommes, commandée par Bernadotte, un français, hélas! qui révolutionnait la Hollande et menaçait la Belgique ; — ni de l'armée autrichienne d'Italie qui, jointe à celle d'un français aussi, presque d'un Bonaparte, de Murat, songeait à passer les Alpes avec 80,000 hommes ; — ni des Anglais, Siciliens, Portugais, Espagnols, au nombre de 160,000 qui se pressaient aux pieds des Pyrénées avec Wellington, nom fatal qui annonce de loin Waterloo. Près de 400,000 étrangers étaient en marche derrière ceux-là. Au printemps, c'était un million d'hommes, c'était toute l'Europe armée qui devait envahir notre malheureuse patrie.

Contre ce flot d'ennemis, Napoléon, qui jadis avait mis sur pied à lui seul autant de soldats, se trouvait presque sans défense. Aux 220,000 hommes de Blücher et de Schwarzenberg, il n'avait pu en opposer encore que 60,000. Où en trouver d'autres ? On avait pris, pour les campagnes précédentes, des jeunes gens de dix-huit et de dix-neuf ans ; c'étaient de pauvres soldats ; beaucoup étaient presque des enfants. Napoléon n'en voulait plus. On appela les hommes mariés ; on fit une levée extraordinaire de 600,000 hommes ; on embrigada jusqu'aux gardes champêtres (1). Mais le danger pressait, une armée ne s'improvise pas, et comment armer tout ce monde? Les munitions abondaient aux extrémités de ce vaste Empire qui avait enserré toute l'Europe centrale ; nos bonnes et vieilles forteresses, nos arsenaux de France étaient vides. Il fallut instruire à la hâte les recrues, fabriquer pour elles armes et cartouches. Les habiller, on en parlait peu. Mais le moindre fusil, le simple fusil de chasse, on l'empruntait, on le prenait. Il en vint des charrettes à Troyes, de tous les points du département, au commencement de janvier (2).

Le trésor s'épuisait, la cassette particulière de l'Empereur était elle-même attaquée ; il fallut ajouter des centimes additionnels à toutes les contributions.

L'enthousiasme guerrier semblait éteint. Il avait fait place à un violent désir de la paix. Les Alliés la

---

(1) Ordre adressé le 25 janvier au Préfet de l'Aube. Archives, R. 4466.

(2) Lettres du Sous-Préfet de Nogent-sur-Seine du 8 janvier et autres analogues. Archives, id.

promettaient dans leurs proclamations ; ils disaient qu'ils venaient faire la guerre non à la France, mais à son chef, au seul homme qui s'opposât au repos de l'Europe. Bien des mécontents ajoutaient foi à leurs promesses, et quelques-uns les considéraient comme des libérateurs. Une partie du clergé songeait déjà au rétablissement de la dîme. Le Corps Législatif, assemblé par Napoléon, lui faisait une opposition presque générale. Le zèle des fonctionnaires faiblissait. Il fallut que le 6 janvier l'Empereur fît un exemple en destituant le baron Capelle, préfet de Genève, qui avait fui devant l'ennemi. Les royalistes intriguaient. Les provinces de l'Ouest et du Midi commençaient à s'agiter. Les réfractaires, les déserteurs se multipliaient malgré la sévérité des lois contre eux. On envoyait de Toulouse jusqu'à Troyes leur signalement. Un corps de 51 hommes arrivait réduit à 16 dans le département (1). Des traîtres, des espions couraient au-devant de l'ennemi pour lui offrir leurs services. Enfin, ce déplorable état moral, — et c'était là qu'était le vrai danger, n'était nullement inconnu des Alliés.

Ils étaient tenu au courant de la situation par des émigrés et des émissaires royalistes de Paris. Ils découvraient eux-mêmes pas à pas l'affaissement des courages et des caractères. Or, ils étaient persuadés, par l'expérience de la campagne d'Allemagne, que la force réelle d'un peuple envahi est moins dans ses ressources que dans son énergie morale. C'est pourquoi nous lisons dans un journal du temps : « L'ennemi » cherche plus à connaître l'esprit de la France que » ses forces (2). » Les forces étaient peu de chose; mais, par un retour subit, l'esprit pouvait tout chan-

(1) Rapport à ce sujet. Archives, R. 4466.
(2) La *Gazette de France* citée par le *Moniteur* du 20 janvier.

ger. 92 pouvait reparaître. Aussi n'approchaient-ils qu'en tremblant du sol sacré de la France; ils avaient peur du réveil de la grande nation.

On a dit souvent : « Que n'eût-il pas fait ce peuple de France, s'il avait été appelé par son chef à se défendre lui-même; si Napoléon avait songé, avant le 5 mars (1), à susciter l'insurrection patriotique? On aurait vu peut-être revenir les beaux jours d'une autre campagne de France, et l'Argonne et la Champagne, encore une fois les Thermopyles de la France, auraient eu leur Valmy. » Des instructions secrètes données aux Préfets nous apprennent que l'Empereur ou son ministre de l'intérieur songèrent sérieusement à soulever la nation. On parla même d'imiter les Russes et d'ouvrir un vaste désert devant l'invasion (2). Mais l'état moral de la population fit sans doute abandonner ces projets. Napoléon ne compta plus que sur lui seul et sur son armée. La grande nation resta pour ainsi dire spectatrice de la lutte; elle était trop lasse, et sauf quelques résistances isolées dans les provinces meurtries comme la vôtre, sauf l'énergie de quelques hommes du peuple ou de quelques âmes d'élite, sauf un Carnot qui abjurait tout ressentiment pour ne songer qu'à sa patrie, — à part enfin, et en dehors de tous les sentiments communs, l'ardeur indomptable de l'homme extraordinaire qui gouvernait la France, la grande nation ne se réveilla pas !

Dans votre département au moins, Messieurs, l'anxiété douloureuse, la crainte régnaient seules à

---

(1) Décret daté de Fismes du 5 mars qui appelle les populations aux armes. Nous le citons plus loin.

(2) Voir aux Pièces justificatives les dépêches ministérielles relatives à ces plans.

l'approche des Alliés. On pressentait tous les maux de l'invasion, au milieu des troupes qu'il fallait loger et nourrir, trop heureux lorsqu'on n'était pas forcé de les suivre. Le comte de Ségur, grand-maître des cérémonies, envoyé par l'Empereur comme *Commissaire extraordinaire* dans la 18e division militaire dont votre département faisait partie, essayait en vain d'animer, de rassurer les habitants, et disait dans sa proclamation : « Le danger dont on aurait » voulu vous effrayer n'est rien, si vous le voulez; » c'est un nuage que grossit l'imagination, et que le » courage dissipe (1). » Il ne persuada personne, pas même ses subordonnés directs, et ne se persuada pas lui-même (2). Le baron Cafarelli, préfet de l'Aube, homme d'un grand sens en dépit de la faute qui amena plus tard sa destitution, connaissait parfaitement l'état des esprits, lorsqu'il écrivait dans un rapport confidentiel au ministère de la police : « Si » nous avons des succès, on se réjouira, tout en » sentant la douleur des plaies qu'on aura reçues; » dans le cas contraire, on baissera la tête, on mur- » murera, on se soumettra à la misère, à l'humilia- » tion, et on ne fera rien pour en sortir (3). » Sa prédiction n'était qu'à moitié juste pour l'avenir; ce qu'il disait du présent était vrai. Quelques jours auparavant le sous-préfet de Bar-sur-Seine, au nom des habitants effrayés, écrivait dans le même sens au préfet de l'Aube pour lui demander des ordres, et ce

(1) Voir aux Pièces justificatives la proclamation du comte de Ségur.

(2). Voir de même quelques lettres écrites par lui au baron Cafarelli, préfet de l'Aube, et qui témoignent de son découragement.

(3) Voir de même à ce sujet les lettres du baron Cafarelli au Ministre de la Police.

qu'il fallait faire si l'ennemi paraissait (1). L'ennemi parut bientôt.

Les Cosaques furent dans l'Aube, comme partout, les avants-coureurs peu rassurants de l'armée ennemie. Le 21 janvier, le prince de Wrède, commandant l'avant-garde des Autrichiens, Bavarois et Russes, parut devant Bar-sur-Aube, tandis qu'une autre division commandée par un certain prince de Hesse-Hombourg, entrait sans coup férir à Bar-sur-Seine. A Bar-sur-Aube, le général Mortier, après une courte tentative de résistance, battit en retraite vers Troyes au milieu de la nuit. Les habitants n'essayèrent pas de se défendre et se trouvèrent bientôt exposés à toutes les exigences et à tous les excès de l'armée étrangère; ils apprirent à leurs dépens que la conduite des Alliés ne répondait guère à leurs nobles et pacifiques proclamations. Les caves étaient pleines de vin, partant, les Bavarois toujours ivres: — circonstance futile en apparence, qui fut pour beaucoup dans les maux de cette première occupation.

Je vous laisse à penser, Messieurs, si l'on dormait tranquille à Troyes. On avait pris à la hâte quelques mesures de défense très-insuffisantes; vos vieux remparts ne sont pas à regretter, paraît-il (soit dit sans aucune intention malveillante contre le goût de vos archéologues) : ces remparts tombaient en ruines. Le commandant de la place fit creuser quelques fossés, élever quelques barricades en planches, abattre quelques beaux arbres, boucher, entre autres, la brèche ouverte par le canal en voie d'exécution près de la porte de Preize. Après ces préparatifs, Troyes devait opposer juste assez de résistance à l'ennemi

---

(1) Cette lettre est aux Archives, datée du 19 janvier. Liasse R. 4466.

pour le forcer à se reposer un quart-d'heure sous ses murs en tirant une douzaine de coups de canon pour enfoncer les portes. Rien n'était donc très-rassurant. Les nouvelles alarmantes se multipliaient; les troupes ne cessaient de passer, d'aller et de venir; la charge de les entretenir devenait accablante; les chevaux pris par l'armée manquaient partout (1); les recettes ne rentraient plus (2); il fallait, pour cuire le pain de munition, mettre en réquisition jusqu'aux fours des pâtissiers (3). Les paysans affluaient des campagnes, fuyant la dévastation, malgré l'ordre exprès qui avait été donné de les chasser comme bouches inutiles (4). Malgré l'arrêté du Conseil municipal exhortant les Troyens à s'engager comme volontaires, les détenus de la prison manifestaient seuls un vif désir de se battre, sans doute afin de reconquérir d'abord leur liberté (5).

Tout-à-coup, on apprit que Napoléon qui avait quitté Paris le 25 et pris le commandement de l'armée à Châlons était dans le département. On l'avait vu du côté de Brienne. Une bataille était imminente. Ces bruits ne mentaient pas.

En effet, tandis que l'armée de Schwarzenberg occupait Bar-sur-Aube et Bar-sur-Seine, Blücher et ses 60,000 hommes arrivaient du Rhin sur l'Aube par Nancy et Saint-Dizier. Napoléon, en venant de Châlons à Saint-Dizier, l'y avait presque rencontré. Alors,

(1) Levée de chevaux dès la fin de 1813. Archives, R. 4466.

(2) Arrêté du Préfet de l'Aube en date du 1er février, ordonnant que le service des fournitures des armées se fera par réquisitions, attendu « la cessation des rentrées dans la caisse du Receveur » général. » Archives, id.

(3) Archives, ibid.

(4) Ordre donné dès le 25 janvier. Archives, ibid.

(5) Pétitions des détenus du 29 janvier. Archives, ibid., page 15.

comprenant vite quel était le danger de sa position si
Blücher parvenait à rejoindre Schwarzenberg, il s'é-
tait jeté à la poursuite du maréchal prussien, et l'a-
vait atteint devant Brienne, le 29 janvier, après une
marche des plus pénibles sous une pluie glacée, dans
les chemins boueux de la forêt du Der. Il avait tout
au plus 10 ou 11,000 fantassins et 6,000 cavaliers.
L'armée de Blücher en comptait au moins 30,000.
Ajoutez que dans les rangs français on ne voyait
guère que de pauvres conscrits mal équipés, souvent
en haillons, harassés de fatigue, à demi-mort de faim.
A peine s'ils savaient se servir de leurs armes. On les
a vus à Troyes vers cette époque, ces *Marie-Louise*,
comme on les appelait ironiquement, accrocher leur
fusil dans les broussailles ou les haies, et le déchar-
ger ainsi en tournant la tête, — tout effrayés d'a-
vance de la détonation. C'est pourtant avec de pa-
reilles troupes renforcées plus tard de quelques vieux
soldats, que Napoléon devait tenir tête aux Alliés pendant plus de deux mois, les harceler, les contenir, les
forcer plusieurs fois à la retraite et les battre souvent.
Ce prodige est l'œuvre de son génie sans doute; mais
il est l'œuvre aussi de ces pauvres jeunes gens à peine
échappés à leurs mères, qui se sentaient d'autres
hommes en face de l'ennemi, et dont la valeur
désespérée eût sauvé la France, si la France l'avait
voulu.

Il faut voir, Messieurs, comme ils firent merveille
à Brienne contre les Prussiens. Cette petite ville, un
instant défendue par le général Gérard, qui s'était ensuite replié vers Napoléon, avait été occupée le 28 par
Blücher. Les habitants connaissaient déjà tous les maux
de l'invasion. Les Prussiens, dès le premier jour, ne
leur avaient pas laissé grand'chose à apprendre sur ce
point. Beaucoup s'étaient cachés, ou dans les bois

des environs, ou dans les caves du château. Le château de Brienne, vaste et bel édifice bâti au XVIII siècle par les Comtes de Brienne, domine la ville à laquelle il a donné son nom. Près de là s'élevait jadis un couvent de Frères Minimes fondé en 1625, transformé en Ecole militaire en 1776 et disparu en 1790. On sait que le jeune Bonaparte y avait été placé en 1779 : Il avait alors dix ans et y resta jusqu'à quinze. Il avait quitté l'Ecole en 1784. Il y revenait donc, en 1814, trente ans après. Parti adolescent ignoré et pauvre, il revenait Empereur et Roi, rassasié de conquêtes et de gloire, mais déjà presque déchu, et pour ainsi dire, traînant à sa suite, avec tous les souvenirs de sa vie, cette prodigieuse histoire, objet de la constante méditation des esprits de nos jours, la Révolution dont il avait été le témoin et dont il avait pris la place, l'Empire qu'il avait élevé et qu'il voyait crouler.

Le combat de Brienne livré le 29 janvier fut acharné. La petite armée française divisée en trois corps commandés par Ney, Victor et Napoléon attaqua vers quatre heures de l'après-midi la ville et le château, après une vive canonnade de part et d'autre. Ney au centre trouva devant la ville les Russes d'Olsouvieff qui opposèrent une résistance invincible. Napoléon à gauche, en voulant couper la retraite à l'ennemi par la route de Bar-sur-Aube, se vit tout d'un coup assailli par toute la cavalerie russe, courut le plus grand danger et fut forcé de rétrograder. Il faisait déjà nuit noire quel'on combattait toujours. Enfin, à droite, une partie de la division de Victor, se glissant dans le parc, parvint à tourner le château, tandis qu'une attaque furieuse était dirigée de front contre les terrasses et l'escarpement de la colline. Blücher était à table; il faillit être pris, avec son état major, et n'eut que le temps de s'enfuir en passant par une fenêtre que l'on

montre encore; il fut conduit par un malheureux alle-
mand fixé dans le pays qui connaissait des passages
secrets et crut peut-être servir ses compatriotes en
même temps que ses intérêts. Il y gagna plus tard
d'être fusillé par l'autorité française. A onze heures
du soir seulement et après la prise du château, les
Russes d'Olsouvieff se décidèrent à abandonner la
ville, et se vengèrent en y mettant le feu.

Après ce sanglant combat, dont l'issue était pourtant heureuse et qui avait rendu courage aux soldats,
Napoléon regagnait son quartier-général de Maizières,
au milieu d'épaisses ténèbres. Le baron Fain, qui l'ac-
compagnait, a raconté (1) qu'en cette occasion il faillit
aussi être pris ou tué, comme Blücher. Une bande de
Cosaques qui rôdaient et pillaient à l'aventure se pré-
cipita sur la petite troupe en marche où était l'Empereur. Celui-ci, à cheval, en tête, vêtu de sa redin-
gote grise traditionnelle, causait batailles avec le colonel Gourgaud. Un des Cosaques s'élance sur lui, lève
son sabre; au même instant le colonel se jette à la
traverse, et d'un coup de pistolet à bout portant il
abat le barbare aux pieds de Napoléon.

A Maizières, le presbytère avait été converti en
chambre impériale. Le curé, le Père Henrion, était un
ancien Minime de l'Ecole militaire, et l'ancien professeur de Napoléon. Pendant le combat, il avait voulu
accompagner son ex-élève, jurant de ne plus l'abandonner. Le pauvre homme, bientôt épouvanté par le
sifflement des balles et le tonnerre des canons, meurtri, blessé, n'avait pas tardé à rentrer à la cure. Napoléon, de retour chez lui, le plaisanta un peu de son
équipée guerrière, et enfin lui donna la croix.

Le lendemain 30, on s'aperçut que Blücher se reti-

(1) Manuscrit de 1814, ch. 2.

rait. Mais la ville était presque en cendres. Napoléon se rendit au château, demanda un état des pertes éprouvées par les habitants et promit des secours. Plus tard, dans son testament, il n'oublia pas Brienne, le paisible séjour de son enfance et le théâtre de l'un de ses derniers combats. « Dans ma pensée, avait-il » dit, Brienne est ma patrie ; c'est là que j'ai ressenti » les premières impressions de l'homme. » Ces paroles ont été gravées au-dessous de la statue qui lui a été élevée en 1859. Il légua, en mourant, un million de francs à cette patrie adoptive. Elle en a reçu 400,000 et a employé cette somme à se bâtir un hôtel-de-ville que les habitants disent fort beau. Si ce large cadeau était tombé du ciel à Brienne, en janvier 1814, les pauvres habitants auraient peut-être moins vite songé à une mairie, ils auraient rebâti leurs maisons qui étaient détruites.

L'ennemi fuyait du moins, et le retour de l'armée nationale avait permis aux fugitifs de sortir des bois où ils grelottaient dans la neige. Ils virent de loin disparaître Blücher, toujours suivi par Napoléon, et en montant au château ils purent apercevoir la fumée d'une autre bataille qui commençait.

Malgré le succès marqué de nos armes, l'objet réel de l'attaque était manqué, Blücher avait rejoint Schwarzenberg ! Prussiens, Autrichiens et le reste formaient maintenant une armée compacte rangée aux environs de La Rothière, petit village sur la rive droite de l'Aube, entre Brienne et Bar-sur-Aube. Ils avaient 170,000 hommes ; Napoléon, renforcé de quelques secours, n'avait pu en réunir que 32,000, — un contre cinq ! Et c'était en plaine, sans protection naturelle contre ces forces écrasantes qu'il fallait combattre. La riante vallée de l'Aube avec ses bois, ses prés fleuris, ses coteaux chargés de vignes n'éveille guère des idées de mort et de sanglants combats; mais l'hiver s'était chargé de dépouiller de ses charmes cette belle nature, et d'accommoder un théâtre digne de la scène qui se préparait.

Le 1er février, vers une heure de l'après-midi, l'ennemi commença à s'ébranler. Il neigeait à gros flocons; on voyait à peine à quelques pas devant soi. Le général Gérard commandait l'aile droite près de l'Aube, à Dienville : le maréchal Victor était au centre à La Rothière; le maréchal Marmont, à gauche, en avant du bois d'Ajou, à Morvilliers. Napoléon et la réserve se tenaient en arrière de La Rothière. Après une canonnade générale sur toute la ligne, Blücher, qui dirigeait les Russes, donna le signal de l'attaque en se jetant sur La Rothière; les jeunes soldats qui la défendaient tinrent bon. Giulay et ses Autrichiens n'eurent pas plus de succès à Dienville ; enfin, à gauche, les Bavarois et le prince de Wurtemberg, qui avaient débordé la ligne française, furent contenus aussi. Le sang coulait toujours, la petite armée française s'épuisait dans une résistance meurtrière. Tout-à-coup, vers quatre heures, l'ennemi irrité redouble d'efforts, des troupes fraîches accourent en masse : il faut abandonner La Rothière et Morvilliers. En cet instant, Napoléon débordé comprit que la bataille était perdue. Il essaya pourtant une tentative désespérée et lança sa réserve sur les points qu'avait occupés l'ennemi. La nuit était venue, La Rothière fut reprise, et à la faveur de ce succès inattendu, la retraite commença. Le brave Oudinot n'abandonna le village qu'en flammes. Gérard ne quitta Dienville qu'à minuit. Ainsi se termina, Messieurs, par une lutte horrible au milieu des ténèbres, éclairée seulement çà et là par la fusillade et l'incendie, ainsi se termina cet incroyable combat de La Rothière, où 30,000 Français attaqués à la fois de front et de flanc, résistèrent près de douze heures contre des forces cinq fois plus considérables. Pour d'autres c'eût été une destruction complète, pour Napoléon et son armée ce fut une retraite en bon ordre, et si votre vanité patriotique se blesse même de ce mot, répétez seulement ce que les nôtres disaient en tombant en face de l'ennemi : « Ils sont trop ! »

Aussi fallut-il bientôt quitter Brienne, comme on avait quitté La Rothière, puis repasser l'Aube à Lesmont, et se diriger sur Troyes, tandis que Marmont tenait un instant les Bavarois en échec à Rosnay. Que de malheureux cette retraite forcée laissa sans défense ! Les Alliés, irrités d'avoir été arrêtés si longtemps par une poignée d'hommes, ne se possédaient plus, ils se vengèrent sur les habitants inoffensifs. Le château de Brienne fut odieusement dévasté. On vit messieurs les officiers de l'armée coalisée entasser sur des voitures des caisses bourrées des livres les plus précieux de la bibliothèque, — ce qui faisait certainement plus d'honneur à leurs goûts littéraires qu'à leur désintéressement et à leur délicatesse. On vit les soldats imitant les chefs, faire main-basse sur tout ce qui pouvait être pris et piller par système, détruire pour détruire. Hélas ! ce n'est rien encore, on les vit maltraiter les femmes, frapper les vieillards, s'acharner à des cadavres... Vous m'arrêteriez vous-même, Messieurs, si j'achevais le récit de ces horreurs !

Je préfère me rappeler de quoi vous faire sourire, tant il est vrai que le drame le plus sombre peut être parfois visité par une lueur de gaîté. Je vous ai parlé du village de Rosnay que Marmont défendit si bien pour couvrir l'armée. Il dut l'abandonner pourtant, et dans la soirée du 2 février l'ennemi y entra. Au milieu d'une confusion inexprimable, le château du

maire, M. le comte de Rosnay, fut envahi. Insulté, ou-
tragé par les officiers étrangers qui venaient s'instal-
ler chez lui, il prit la fuite et se retira chez son adjoint. On le poursuivait de près. Comment échapper?
Une idée subite germa dans le cerveau de cet ingé-
nieux magistrat. Sans perdre de temps, il conduit
M. le maire dans une chambre à coucher, le désha-
bille, le déguise en femme, le couche, et ferme les
volets. Les officiers furieux accouraient déjà. « Dou-
» cement, messieurs, je vous en supplie, dit l'adjoint
» à voix basse, en feignant une profonde douleur,
» ma pauvre mère se meurt, elle est là, au lit, expi-
» rante. » Le ton, le discours, l'air de l'adjoint per-
suadent les envahisseurs. C'étaient des Autrichiens
pas trop féroces. Ils avaient ou avaient eu des mères.
Ils cherchent pourtant leur victime, visitent toute la
maison, s'approchent même du lit, écartent les ri-
deaux. M. le maire ne bougeait pas, il jouait son rôle
et il était certainement plus mort que vif. On ne vit
rien de cette innocente ruse. Le danger passé, le
pauvre comte n'en attendit pas un second; sautant
du lit, sans même quitter son costume féminin, il sor-
tit par le jardin, et dans cet équipage il prit la clé
des champs.

II

Tels sont, Messieurs, les premiers évènements qui avaient eu lieu dans votre département en janvier 1814. L'invasion s'approchait comme vous le voyez. Aussi est-ce au milieu d'un morne silence que Napoléon, après le combat de La Rothière, entra le 3 février dans la ville de Troyes. Son arrivée, on le sentait, n'était que l'effet d'une défaite déguisée. Tout le monde le pensait sans oser le dire. Les royalistes assez nombreux s'en réjouissaient en secret. Si les Alliés renforcés de troupes fraîches qui arrivaient de tous côtés, s'obstinaient à marcher ensemble sur Paris, ni Troyes, ni aucune ville, ni Napoléon lui-même avec tout son génie, ne réussirait à les arrêter. Dans cette situation effrayante, l'Empereur conservait toute sa confiance tenace, doublée seulement d'une irritation profonde contre le nombre croissant des dangers. Cependant, de toutes parts, on le pressait de traiter, d'éviter une nouvelle bataille ; la paix était le cri général. Les Alliés eux-mêmes, toujours inquiets, même de leurs succès, et qui n'avançaient qu'avec des précautions craintives, offraient la paix à Châtillon. Ils proposaient à M. de Caulincourt les limites de 1790, à peu près celles de la France actuelle. Accablé de sollicitations, l'Empereur céda enfin, et écrivit le 5 à M. de Caulincourt, son représentant au Congrès, qu'il lui donnait *carte blanche* pour traiter.

Qu'il serait curieux, Messieurs, de lire une à une
les lettres écrites par l'Empereur à ce moment décisif,
pour y chercher sa pensée véritable que les faits seuls
nous révèlent mal! Qu'il serait intéressant, pour vous
surtout, de connaître enfin la correspondance impériale datée de Troyes! Cette bonne fortune vous sera
sans doute donnée quelque jour; car il faut espérer
que ces documents, d'une importance capitale pour
l'histoire, ne seront pas oubliés à leur place dans la
volumineuse publication qu'a entreprise l'Etat, et qui
est déjà fort avancée. Sans même recourir à cette
source que les élus seuls connaissent, on peut encore,
ce me semble, se former une opinion vraisemblable
des projets secrets de Napoléon. M. Thiers (1) pense
que Napoléon incertain eut la faiblesse de donner
carte blanche à M. de Caulincourt dans l'espoir que
celui-ci n'userait pas de la permission. Il aurait donc
offert la paix à contre-cœur, mais en courant le
risque de la voir acceptée. Cette hésitation, cette in-
certitude ne me paraissent guère dans le caractère
d'un homme tel que Napoléon. Il me semble plutôt
qu'en offrant la paix, il était déjà sûr de pouvoir la
refuser. L'illustre auteur du Consulat et de l'Empire
s'accorde sur un point avec tous les renseignements
recueillis à l'époque même : c'est que le 5 on connaissait à Troyes le mouvement offensif d'une colonne
alliée par la vallée de la Marne. Que vit Napoléon?
Ses ennemis se divisaient donc? Il pouvait alors reprendre tous ses plans, revenir à son système de
guerre habituel, et commencer par écraser l'auda-
cieux qui abandonnait le gros de l'armée coalisée. Il
pourrait donc vaincre encore! Dès le 2, dit M. Thiers

(1) Histoire du Consulat et de l'Empire. Tome XVII, p. 270, 271.

lui-même (1), il écrivait quelques mots obscurs, mais
très-positifs, sur ce sujet, au Ministre de la guerre;
mais pour réussir il fallait garder le plus profond
secret; les espions entraient partout. Il feint donc de
céder; il contente et apaise par une concession illu-
soire ses conseillers prêchant la paix; il offre *carte
blanche....* En même temps, le même jour, le 5 février, il se décide à reprendre la campagne, à suivre
la colonne téméraire qui le tentait, à suivre Blücher;
car c'était lui. Le 6, après une démonstration offensive sur la route de Bar-sur-Seine, faite dans le but de
tromper l'ennemi, et où il a eu le soin de se montrer,
il rentre à Troyes à deux heures, s'arrête un instant
au logement qu'il occupait chez M. Duchâtel, rue
du Temple, et à trois heures et demie, il quitte la
ville.

La plus grande partie de son armée l'avait déjà
précédé vers Nogent; il y arrive le 7 vers midi et se
loge chez M. Bertin père, rue Saint-Laurent. Un ri-
deau de troupes, en avant de Troyes, devait cacher à
l'ennemi ces rapides opérations. Il quitte Nogent le
9 pour se jeter sur Blücher, après avoir mis la ville
en état de défense. ·

Nous ne suivrons pas en détail, Messieurs, la nouvelle série de combats qui commençaient, bien que,
en grande partie, votre Champagne en ait encore été
le théâtre. J'aurais trop à dire, et je vous retiendrais
trop longtemps loin de votre chère ville. Pour vous,
je le sens, l'intérêt est moins à la suite de la petite
armée française qu'au seuil de vos portes menacées
par l'étranger.

Les quelques troupes laissées par Napoléon en
avant de Troyes avaient vite battu en retraite. Le 7

(1) Histoire du Consulat et de l'Empire. Tome XVII, p. 263. Note.

au matin, elles avaient même abandonné la ville, la confiant à la garde nationale. Déjà l'ennemi, maître du faubourg Saint-Jacques, l'avait pillé et rançonné. Les habitants de Troyes n'essayèrent pas l'ombre de résistance, et ce même jour du 7, dans la matinée, les gardes nationaux établis à la porte Saint-Jacques se retirèrent par ordre de l'autorité municipale dès le second coup de canon. Plusieurs royalistes empressés de témoigner leur joie à ceux qu'ils regardaient déjà comme les restaurateurs de la monarchie des Bourbons, se présentèrent alors au-devant de l'armée étrangère, chargés de vivres et de liqueurs. Ils les distribuèrent aux premiers survenants; et si le sens de cette manifestation échappa probablement aux barbares, ils comprirent fort bien l'usage qu'ils devaient faire des comestibles, qui disparurent en un instant.

Quatre Cosaques entrèrent les premiers dans la ville et parurent bientôt dans la rue de la Cité; puis vint un piquet de cavalerie, enfin l'armée entière. Les soldats, pour se reconnaître au milieu du mélange des uniformes, avaient une branche de buis attachée à leur coiffure et une écharpe blanche au bras. On a cru à tort que la couleur blanche de ce signe était une manifestation en faveur des Bourbons; en ce cas, on se demande ce que le vert aurait pu vouloir dire. Le premier corps qui prit possession de la ville était commandé par le prince de Wurtemberg, roi actuel de ce pays, qui ne fit que passer. Dès lors, pendant seize jours, du 7 au 23 février, un véritable torrent d'hommes, de chevaux, de canons, de caissons, de charriots, ne cessa de rouler à travers la ville au milieu d'un bruit et d'une confusion inexprimables. Les magasins, les portes, les fenêtres étaient pour la plupart soigneusement barricadées. Quelques curieux, des ouvriers sans travail, enfin des gamins (où ne s'en glisse-t-il pas?) regardaient avec stupeur et colère l'étrange et nouveau spectacle qui s'offrait à leurs yeux. Déjà les scènes de désordre commençaient. Les soldats pourvus ou non de billets de logement se présentent aux portes, et au moindre retard les enfoncent pour entrer plus vite. Les cris d'effroi des propriétaires se mêlent aux jurons autrichiens, bavarois, hessois, wurtembergeois, badois, russes, cosaques. Des quiproquos inévitables allument à tout instant la colère des irritables ennemis. Alors ils brisent tout et frappent sans pitié ceux qui leur tombent sous la main. Des pillards, profitant du tumulte, dévalisent les logis, détroussent les passants. Des femmes poursuivies s'enfuient en criant. Des troupes de soldats mécontents du logement qu'on leur a assigné, s'installent à leur convenance, s'entassent sous le même toit et se battent pour y rester. Ajoutez qu'à cette gent brutale, il faut donner à boire, à manger, à coucher, et du meilleur, ou gare les coups!

Et personne n'était là pour empêcher ces scènes odieuses! Le préfet était parti. Les officiers alliés en avaient vu bien d'autres; ils riaient ou fermaient les yeux. Le maire, M. Piot de Courcelles, les adjoints, MM. Debure et Payn forcés de se relayer nuit et jour à la Mairie, ne suffisaient pas à satisfaire aux demandes multipliées et exorbitantes des chefs, à confectionner et distribuer les billets de logement, à procurer à tous des courriers, des guides, des voitures, des chevaux, des interprètes, à faire imprimer et afficher les proclamations des Alliés, à organiser mille services nouveaux exigés par les circonstances. Ecouter par surcroît les plaintes des habitants était impossible, et leurs réclamations restaient d'ailleurs sans réponse. On ne saurait trop louer le courage avec lequel, Messieurs, ils tinrent tête à l'orage et se montrèrent fidèles au devoir le plus élevé du magistrat, — celui de rester à son poste dans le danger.

Le lendemain 8 février, le prince Hohenlohe Bartenstein, nommé par les Alliés gouverneur général des départements de l'Aube, de l'Yonne, de la Haute-Marne et de la Côte-d'Or, en résidence à Troyes, prit possession de son commandement, et exigea bientôt des principaux fonctionnaires de Troyes le serment de lui obéir, — serment que ces messieurs prêtèrent, en protestant toutefois contre la violence qui leur était faite.

Le même jour arrivèrent à Troyes les souverains Alliés escortés d'une nombreuse suite de princes et d'officiers. Le czar Alexandre descendit au bel hôtel de M. Michaux qui est devenu le Palais de justice actuel. Le roi de Prusse Frédéric-Guillaume IV logea place Saint-Pierre, chez M. Guyot; l'empereur d'Autriche François 1er près de la porte de Croncels, chez Mme de Loynes. Un incendie qui a été la fable de tout le pays força le Czar à abandonner son premier logement pour passer dans la maison située vis-à-vis.

Les royalistes de la ville ne tardèrent pas à profiter de l'arrivée des princes pour manifester leur joie et leurs espérances. Le marquis de Vidranges et le chevalier de Gouau, anciens émigrés, chevaliers de l'Ordre de Saint-Louis et ex-gardes du corps de Louis XVI, rédigèrent une pétition pour le rétablissement de la royauté (1). Ils la portèrent au maire qui, après quelque hésitation, refusa de la signer, et obtinrent cependant les signatures de sept autres habitants no-

____

(1) Voir cette pétition aux Pièces justificatives.

tables de Troyes; puis, s'étant réunis à eux, la cocarde blanche au chapeau, et la croix de l'Ordre de Saint-Louis à la boutonnière, ils se rendirent chez le Czar. Ils se firent présenter à lui par deux anciens émigrés comme eux, le comte de Rochechouart et le général Rapatel attachés tous deux à l'état-major d'Alexandre. « Sire, dirent-ils, organes de la plupart » des honnêtes gens de Troyes, nous venons mettre » aux genoux de Votre Majesté Impériale l'hommage » de notre humble respect, et la supplier d'agréer le » vœu que nous formons pour le rétablissement de la » maison royale de Bourbon sur le trône de France. » Alexandre leur répondit assez froidement « que cette » demande était prématurée, que les chances de la » guerre étaient incertaines, et qu'il était prudent » d'attendre un moment plus opportun. » Rien ne prouve en effet que les Alliés eussent dès cette époque l'intention arrêtée de rétablir Louis XVIII. Alexandre ajouta à cette déclaration très-franche, avec une humanité qui l'honore, « qu'il craignait » beaucoup pour les auteurs de cette manifestation, » et qu'il les engageait à rester sur leurs gardes. » Le marquis de Vidranges se le tint pour dit et prit la fuite à la première nouvelle du retour de Napoléon. Le chevalier de Gouau s'obstina à demeurer à Troyes avec un entêtement chevaleresque qu'il devait payer de sa vie.

En attendant, la situation ne s'améliorait pas. La présence des princes n'empêchait rien, et les réquisitions pleuvaient sur la misérable ville. Le 9, une première réquisition bientôt suivie d'une seconde, toutes deux adressées à la préfecture par le prince de Hohenlohe, exigeaient, sous peine d'exécution militaire et dans les vingt-quatre heures, la remise de :

24,000 aunes de drap,

         50,000 aunes de toile,
         12,500   id.   de coutil,
         18,000 paires de souliers,
          8,000 chemises,
          1,000 cuirs pour ressemelage,
         10,000 fers à cheval,
       100,000 clous pour ferrer les chevaux,

enfin 5,000 francs *pour les besoins de la ville,* — ingénieuse manière de rançonner les habitants en leur propre nom.

Le 11, une nouvelle réquisition du prince de Hohenlohe, remise encore à la préfecture, exigea :

         12,000 quintaux de farine ordinaire,
          6,000 quintaux de farine plus fine,
    ou 3,000   id.   de riz,
           400   id.   de sel,
         12,000 pièces de vin à 80 pintes environ la
                 pièce,
    ou 3,000 pièces de la même mesure d'eau-
                 de-vie,
         70,000 mesures d'avoine, la mesure évaluée
                 à 8 rations,
         18,000 quintaux de foin,

enfin 1,000 pièces de bœuf, à 4 q. la pièce, le tout livrable par cinquièmes, du 15 février au 5 mars suivant.

Cette réquisition devait être répartie sur tout le département. On a conservé la proclamation imprimée (1) par laquelle le pauvre M. Gayot, préfet par intérim, à son corps défendant, fit la répartition de ces lourds impôts prélevés par l'ennemi, et assigna les magasins et locaux où les fournitures devaient être déposées. On a conservé aussi de nom-

---

(1) Voir cette proclamation aux Pièces justificatives.

breuses lettres des maires du département (1) rendant
compte à cette époque du triste état de leurs communes et indiquant tous les ravages causés par la présence de l'étranger. L'analyse de ces pièces nous en-
traînerait trop loin. Quelques jours plus tard, le prince
demanda encore 15,000 francs destinés à l'entretien
des hôpitaux, sans compter des lits, des matelats, des
couvertures pour les malades. A ces déprédations
légales il faut ajouter les vols et les violences des officiers et des soldats. On cite, entre autres, le prince de
Wurtemberg, dont la spécialité était, paraît-il, dans
le court séjour qu'il fit à Troyes, de voler du sucre,
du café et des épiceries. Encore n'était-il pas besoin
d'être prince : un simple officier se croyait des droits
à frapper des réquisitions privées. Que de *reçus* et de
bons existant encore attestent la remise forcée d'ob-

(1) Ces lettres se trouvent presque toutes aux Archives, dans la
liasse R. 4481. — Une autre source d'informations analogues nous est
fournie par les rapports adressés par les maires, à partir d'avril ou
mai 1814, sur l'état de leurs communes après l'occupation (liasse Z.
593). Nous citerons entre autres la commune de Rumilly-les-Vaudes
(arrondissement de Bar-sur-Seine) qui, en reconnaissant Louis XVIII
le 8 mai, se plaint de ses désastres. Sur une commune de 192 feux,
71 habitants sont perdus. Le dommage matériel est évalué à
143,321 francs. Sur 400 têtes de bétail, il en reste 20. — Le maire
ajoute avec une douleur naïve : « Presque tous les laboureurs de
» Rumilly cultivaient avec des bœufs, à raison de la facilité des pâtu-
» rages. Mais privés déjà en partie de la ressource *des compagnons*
» *de leurs travaux*, ils n'ont pu achever la semaille de mars, ils ne
» pourront plus cultiver à l'avenir qu'une portion très-petite de
» notre territoire... » Plus loin il dit avec une véritable élévation de
» sentiment : « Nous ne demandons pas cependant des secours à S. M.
» Nous savons trop que *si nous sommes certainement des plus in-*
« *fortunés, nous ne sommes pas les seuls malheureux*. Nous sup-
» plions seulement S. M. de vouloir bien ne pas exiger de nous ce
» que nous ne pouvons faire en ce moment, de diminuer en tout ou
» en partie les impositions de notre commune.... » Trop de communes eurent le droit de se plaindre comme celle de Rumilly.

jets qui n'ont jamais été ni rendus, ni payés (1) !
Quant aux Cosaques, se passant de toute formalité,
ils prenaient tout ce qu'ils trouvaient. Leurs rapines
continuelles, leurs odieuses brutalités épouvantèrent
toute la banlieue de Troyes. Le *Moniteur* ne mentait
pas en signalant leurs atrocités et en les appelant
« des voleurs de grands chemins (2). »

C'est à ce moment qu'une lueur d'espoir vint rendre
courage aux malheureux Troyens. Dès le 14, le Czar
et le roi de Prusse étaient partis pour Nogent. Ils en
revinrent le 19 au soir. Des conférences avaient été
ouvertes à Lusigny. Des bruits de paix et de retraite
des Alliés circulaient partout. Le 20, le mouvement
rétrograde de l'étranger s'accentua. Toutes leurs précautions n'empêchèrent pas qu'on ne s'en aperçut. Enfin, le 23, vers dix ou onze heures du matin, on entendit dans la direction de Montgueux le bruit sourd du
canon. Bientôt il augmente, il éclate; on distingue
même les détonations de la mousqueterie. Plusieurs
habitants montés au haut de la tour de Saint-Pierre si-
gnalent une armée victorieuse qui approche et pousse
devant elle les autrichiens. On s'en aperçoit d'ailleurs
à leur confusion, à leur fuite précipitée. Ils gardent
pourtant la ville, et le prince de Wrède se prépare à
la défendre obstinément pour protéger la retraite des
siens. Mais, à quatre heures, les faubourgs de Sainte-
Savine, de Saint-Martin et de Preize sont occupés par
les assaillants. Ce sont les Français conduits par Napoléon en personne qui, après seize jours d'absence
et une immortelle campagne dont chaque jour fut

(1) Il y a aux Archives de l'Hôtel-de-Ville une certaine quantité
de ces bons qui ont été remboursés plus tard en partie. Mais ces
quelques remboursements sont loin d'avoir couvert le quart seulement des pertes subies par les Troyens pendant l'occupation.

(2) *Moniteur* du 21 février 1814.

marqué par un combat, reviennent victorieux à leur tour.

Napoléon, après avoir quitté Troyes le 6, était arrivé à Nogent le 7 ; il en était parti le 9, à la poursuite de Blücher dont les quatre divisions suivaient la vallée de la Marne, décidé à le battre en détail. Le 10, coupant à travers les marais de Saint-Gond, il avait rencontré le russe Olsouvieff à Champaubert, et l'avait battu. Le 11, il avait atteint le prussien Sacken à Montmirail, et l'avait battu. Le 12, il était tombé sur le général d'York à Château-Thierry, et l'avait battu. Le 14, il s'était retourné contre Blücher à Vauchamp, et lui aussi l'avait battu. En cinq jours, il avait rejeté les uns sur les autres les quatre corps de l'armée de Silésie, lui avait tué 28,000 hommes et lui avait fait 18,000 prisonniers ; le tout sur 60,000 hommes. Au départ, il n'en avait lui-même que 30,000. Débarrassé alors de l'une des deux armées envahissantes, il avait songé à l'autre, et apprenant que Schwarzenberg et l'armée de Bohême étaient déjà près de Fontainebleau, il avait couru de la Marne à la Seine pour barrer le chemin de Paris. Le 17, il avait atteint l'infanterie russe du comte de Pahlen à Nangis, et l'avait dispersée. Le 18, il avait forcé le passage de la Seine à Montereau et obligé Schwarzenberg à reprendre le chemin de Troyes. Enfin il l'avait poussé devant lui, prêt lui-même à repasser sur la rive droite de la Seine, pour le devancer, le couper et l'écraser. C'est ainsi qu'il était arrivé le 21 à Nogent, le 22 à Méry. Là, il avait tout à coup rencontré de nouveau Blücher, Blücher qui avait à la hâte reformé et renforcé ses divisions éparses et battues, Blücher qui venait de nouveau s'offrir à ses coups, et qu'il espérait accabler une seconde fois avant d'en finir avec l'armée de Bohême.

Il ne faut pourtant pas que cette campagne héroïque nous fasse oublier les sanglants épisodes qui en
ont marqué le début et la fin dans votre département.
Les villes, les villages situés le long de la Seine, sur
la grande route des armées, eurent cruellement à
souffrir, — Nogent et Méry surtout.

A Nogent, lorsque Napoléon quitta cette ville le
9 pour suivre Blücher, le maréchal Victor, les généraux Gérard et de Bourmont furent chargés de la
défense de la ville, qui, vous vous le rappelez, avait
été fortifiée à moitié; les maisons étaient crénelées,
l'entrée des rues barricadée du côté de la campagne,
le pont Saint-Nicolas miné. Les Autrichiens venant de
Troyes se présentèrent le 10. Un combat violent s'en-
gagea contre eux autour du château de La Chapelle
qui fut plusieurs fois pris et repris. Le 11, le gros de
l'armée ennemie arriva. Le millier de conscrits qui
s'était enfermé dans la ville, soutenu par les habitants
qui firent preuve d'un courage héroïque, défendit
pied à pied chaque rue, chaque maison. L'un de ces
jeunes soldats qui avait vu le feu une fois seulement,
poursuivi dans la campagne par plusieurs Cosaques,
traversa résolûment un fossé plein d'eau le fusil en
l'air, s'adossa à un arbre, et seul, tint tête à ses ennemis à coups de feu, jusqu'à ce qu'on vînt le secourir.
Napoléon le décora plus tard. Enfin, après deux jours
de lutte, de Bourmont se retira en faisant sauter le
pont qui jeta en l'air 50 Autrichiens. L'ennemi se
vengea de cette résistance héroïque, la première
qu'il eût encore rencontré en Champagne, avec un
véritable acharnement. Les principaux édifices et
140 maisons furent brûlées. C'est dans cet incendie
que périt une grande partie des archives de la Préfecture de Troyes; on les avait transportées à Nogent
dans l'intention justement de les mettre à l'abri du

feu et de l'ennemi. Les maisons furent complètement pillées et à demi-détruites. Le Conseil municipal de Nogent, qui vint un peu plus tard présenter une adresse au Conseil municipal de Paris, et se plaindre des maux de l'invasion, s'exprimait ainsi dans le passage le plus frappant de sa déposition : « ..... Les » portes ont été brisées dans presque toutes les mai-» sons, les meubles rompus, les glaces cassées, le » linge de ménage ou de corps enlevé; les malheu-» reux habitants étaient obligés d'errer à l'abandon » dans les prairies et les bois pour n'être pas mal-» traités par les brigands qui parcouraient tous les » quartiers; des hommes ont été dépouillés dans les » rues; un homme a été écartelé; plusieurs ont été » blessés, et des enfants ont expiré à la vue des mau-» vais traitements éprouvés par leurs pères et mères. » Pour avoir des guides, ils prenaient le premier » citoyen qu'ils rencontraient, lui mettaient une » corde au cou, et le faisaient marcher à coups de » fouets.... (1) » Ajoutez, toujours d'après ce rapport authentique, le trait suivant qui achève le tableau : Une femme de 80 ans avait un anneau au doigt; un soldat lui coupa le doigt pour avoir plus tôt le bijou. Les autres femmes qui tombèrent aux mains de l'étranger à Nogent ne furent pas plus heureuses et essuyèrent d'odieux outrages. On lisait cependant affichées sur les murs de la ville des proclamations où se trouvait cette phrase : « Les habitants et les » propriétés seront respectées par toute l'armée » alliée... » Le ressentiment de ces horreurs ne s'é-teignit pas plus à Nogent qu'aux environs. Un peu plus tard, on voyait le petit village de Mâcon, voisin de Nogent, résister bravement à une troupe ennemie

_____

(1) *Moniteur* du 28 février 1814.

et les paysans faire 28 prisonniers; parmi eux était
une jolie paysanne de 17 ans qui fit son prisonnier
comme les autres.

A Méry, fut livré le 22 février un combat sanglant entre Napoléon qui approchait de Troyes et
Blücher qui cherchait à passer la Seine. Les jeunes
soldats qui attaquaient Méry et soutenaient la garde,
avaient retrouvé depuis quinze jours, de victoire en
victoire, toute la gaîté française. On raconte qu'ayant
découvert plusieurs boutiques remplies de masques
à l'occasion du mardi-gras, ils les mirent à contribu-
tion et trouvèrent plaisant de combattre masqués et
affublés d'habits de carnaval. Repoussé par cette
joyeuse troupe, les Prussiens furieux mirent le feu à
la ville en se retirant, et l'on vit, dit-on, Blücher lui-
même, une torche à la main. L'incendie dura 48 heures,
et pendant tout ce temps il fut impossible d'approcher
de Méry ou de passer la Seine pour suivre Blücher.
Tout périt sauf l'église, et 500 familles se trouvèrent
ainsi réduites à une horrible misère. Depuis Attila on
n'avait rien vu de pareil, et s'il est vrai que la grande
bataille des *champs catalauniques* ait été livrée près
de cette ville, (1) l'invasion des Huns et l'invasion des
Prussiens, seuls souvenirs historiques des pauvres habitants de Méry, ne peuvent mutuellement se rien en-
vier. Heureuses les villes qui n'ont pas d'histoires, au
moins comme celle-là! Heureux les peuples qui n'ont
aucun incendie pareil à se reprocher !

C'est le lendemain, Messieurs, de cette sinistre
journée, le 23 février que Napoléon était sous les murs
de Troyes. Mais il n'entrait plus cette fois par la porte
Saint-Jacques, sombre et soucieux, poursuivi, presque
fugitif, comme après La Rothière. Il se présentait en

______

(1) Opinion habilement soutenue par Grosley.

vainqueur à la porte de Preize, à deux pas de l'enceinte où nous sommes ; et ici même, sur l'emplacement du Cirque, au milieu des troupes alliées commandées par le prince de Wrède, dans leurs rangs désunis par la surprise et la terreur, ici même pleuvaient les boulets français !

III

Avant de se renfermer derrière les murailles de Troyes, les Alliés avaient livré aux flammes les faubourgs de Ste-Savine, de St-Martin et de Preize. Les habitants de la ville craignaient beaucoup pour eux-mêmes un semblable sort. Si Napoléon s'obstinait à canonner, il délivrerait de l'ennemi sans doute, mais ferait plus de mal que lui-même. Un boulet rouge ou une bombe mettent si vite le feu à une ville de bois, en dépit des meilleurs pompiers du monde! Ce danger imminent frappa le prince de Wrède tout le premier, — ce qui prouve que pour être Bavarois on peut n'en avoir pas moins d'humanité. Il donna donc au maire, à son premier adjoint et à un conseiller municipal l'ordre de se rendre en parlementaires au camp français, pour éviter à tout prix les malheurs d'un assaut et d'un incendie. Ces messieurs firent résistance, craignant beaucoup d'abandonner la ville sans magistrats à l'armée étrangère. Le prince jura de réprimer le moindre désordre, leur remit des dépêches pour l'Empereur, — et ils partirent.

Conduits après beaucoup de chemin et de difficultés au général Gérard, ils s'acquittèrent de leur commission et lui remirent leur requête. « Eh! que « fait une ville de plus ou de moins pour le salut de l'Empire! » répondit durement le général. Ce début n'était pas encourageant. Il était trop tard pour aller jusqu'à l'Empereur, à Montgueux ; on lui expédia les lettres par un courrier, et les pauvres envoyés reprirent le chemin de Troyes. Revenus à la porte de Paris, la trouvant fermée, pris entre deux feux, sous une grêle de balles, ils n'eurent que le temps de se réfugier dans une baraque abandonnée, jusqu'à-ce que, transis de froid et affamés, ils furent recueillis par un officier français dans une des premières maisons du faubourg. La canonnade durait toujours. Bientôt pourtant elle dimiuna. Napoléon avait lu les dépêches. Le prince de Wrède lui offrait d'ouvrir les portes le lendemain au point du jour, à condition que l'attaque serait immédiatement suspendue ; sinon il brûlerait la ville. L'Empereur, de son côté, avait grande envie de passer outre et de sacrifier la ville pour brûler l'ennemi ; c'était au moins l'avis de plusieurs généraux de son entourage. Il n'osa prendre cette résolution barbare, et accepta les offres du prince de Wrède. Mais on ne put empêcher les canonniers français d'envoyer de quart-d'heure en quart-d'heure jusqu'à minuit, quelques boulets sur la ville assiégée.

Plusieurs édifices eurent à souffrir de ce commencement de siège. Les détenus de la prison, exposés aux projectiles, se révoltèrent contre leur gardien qui fut contraint de les mettre en liberté. L'hôpital civil, l'église de la Madeleine furent endommagés. Un obus qui tomba dans une des salles de la Bibliothèque y détruisit une riche collection d'histoire naturelle. La cathédrale fut atteinte.

Le lendemain 24 février, au point du jour, c'est-à-dire vers sept heures (puisque on était en hiver), les portes furent ouvertes. Les magistrats de Troyes reparurent alors au milieu de leurs concitoyens qui les croyaient perdus et qui les accueillirent par des cris de joie. Puis l'armée française et son chef firent leur entrée triomphale, au milieu d'acclamations enthou-

siastes. Les habitants n'attendaient que ce retour pour
se venger. Ils se précipitaient déjà en foule sur les
traces de l'ennemi. Leur exaspération était si grande
qu'ils tuaient jusqu'à des soldats isolés et sans défense. Un malheureux militaire étranger, rencontré
près de Saint-Nizier par la foule, fut mis à mort sans
pitié et traîné à la Seine. On vit jusqu'à des gamins,
armés de bâtons, ramener dans la journée des prisonniers qu'ils avaient faits sur les routes voisines.
Tous les villages environnants imitèrent Troyes, et
les ennemis retardataires furent partout massacrés.
Deux hommes de Vendeuvre s'emparèrent de 20 Cosaques qu'ils conduisirent à l'Empereur. Alexandre
faillit lui-même être pris. Pourquoi faut-il que cette
insurrection vengeresse n'ait pas reçu l'ennemi dès
le premier jour? Il n'eût pas osé seulement franchir
la frontière. Mais la plupart des hommes sont ainsi
faits que l'évènement seul les éclaire. Tant qu'ils ne
souffrirent pas directement des maux de l'invasion,
vos pères, Messieurs, n'y crurent pas, espérèrent y
échapper, ou se laissèrent prendre aux belles proclamations des Alliés. Il leur fallut la vue du sang et des
larmes, le spectacle des derniers outrages, pour les
décider à se défendre et à frapper. Cette colère venait
trop tard. Mais il y a trop d'excuses à cet abatte-
ment des courages et la leçon fut trop cruelle pour
que personne ait le cœur d'y applaudir.

Cependant, au milieu de l'émoi général, les royalistes se tenaient silencieux et cachés, réduits à la
situation toujours triste de préférer leur opinion à
leur patrie et de faire des vœux pour l'étranger. Une
quarantaine d'entre eux avaient fui. M. de Gouau était
resté. Napoléon ne tarda pas à être informé, par des
délateurs empressés, de la manifestation à laquelle il
avait pris part. Il la connaissait déjà, et il n'était que

trop disposé à se venger. Des nouvelles inquiétantes lui arrivaient de Paris et des provinces ; M. de Talleyrand et ses amis commençaient à lui paraître tout-à-fait suspects, et les manifestes des Bourbons répandus un peu partout lui causaient une vive irritation. Et par colère, et par calcul, il résolut de faire un exemple. A peine était-il descendu à son logement, rue du Temple, « que jetant ses gants sur la table, et » le fouet encore à la main, il ordonna qu'on réunît » le Conseil de guerre, et qu'on arrêtât le chevalier. » Le commissaire chargé de l'arrestation le trouva dans une armoire où sa femme l'avait forcé de se cacher. Le commissaire, qui n'obéissait à son mandat qu'à contre-cœur, lui conseilla de s'enfuir ; il refusa et se laissa conduire à l'Hôtel-de-Ville. Là, le Conseil de guerre le condamna à mort, lui lut sa sentence et ordonna son exécution immédiate. L'infortuné vieillard avait fait toilette ; vêtu d'un habit de drap vert, portant les insignes de l'Ordre de Saint-Louis, il fut amené sur la place du Marché-au-Blé. On lui avait attaché un écriteau sur la poitrine, avec ces mots : *traître à la patrie*. Gardant jusqu'au bout l'aisance et le sang-froid d'un gentilhomme, il voulut lui-même commander les soldats chargés de le fusiller et tomba en criant : « vive le Roi ! vivent les Bourbons ! » Son cadavre resta assez longtemps exposé aux regards de la foule.

Pendant les deux heures qu'avait duré cette scène rapide de l'arrestation, du jugement et de la mort, le maire de Troyes, M. Piot de Courcelles et M. Duchâtel-Berthelin, informés de ce qui se passait, avaient couru chez l'Empereur. Celui-ci, harassé de fatigue, reposait. Il fallut attendre. L'écuyer de service était M. de Mesgrigny, originaire des environs de Troyes et allié à M. de Gouau. Lorsque l'Empereur fut éveillé, il joignit ses instances à celles des solliciteurs pour

demander la grâce du condamné. « Eh bien ! s’écria
« Napoléon vaincu par leurs prières, qu’on lui fasse
« grâce, s’il en est temps encore ! » On courut. Il
était trop tard. L’Empereur, à cette nouvelle, garde un
profond silence, et dit enfin : « La loi le condamnait. »
La famille de M. de Gouau ignorait encore ce qui
avait eu lieu, et Mme de Gouau elle-même, quoique
fort inquiète, ne soupçonnait pas la vérité. Elle ne
l’apprit que trop tôt (1).

Le même jour, Napoléon, instruit par ce qui s’était
passé à Troyes en son absence, rendit deux décrets
importants par lesquels : — 1° Tous les Français con-
vaincus d’avoir accompagné ou servi les armées
étrangères, et tous ceux qui auraient porté les décorations ou insignes royalistes, devaient être mis en
jugement. — 2° Le Préfet de l’Aube, le baron Cafarelli,
convaincu d’avoir fui devant l’ennemi, était destitué
et remplacé par M. Rœderer, préfet du Trasimène. (2)

En même temps, l’Empereur profitait de son séjour
à Troyes pour recueillir ses idées et jeter un coup-
d’œil sur la situation. Elle était certainement bien
meilleure qu’au début de la campagne, pourtant toujours cent fois périlleuse ; une seule faute pouvait
tout compromettre. La Belgique était perdue, sauf
Anvers que l’illustre Carnot défendait à outrance, et
nos frontières du Nord directement menacées. Le
brave général Maison s’épuisait à les défendre. Le
vieil Augereau s’endormait à Lyon et s’obstinait à
l’inaction, tandis qu’un mouvement vers le Nord sur
les derrières de l’armée de Schwarzenberg eût peut-

(1) Des versions assez différentes, et quelques-unes probablement
dictées par des haines de familles, courent sur le récit de la mort
de M. de Gouau. Nous avons suivi et combiné les renseignements
que fournissent M. Thiers, le baron Fain et M. Pougiat.

(2) Voir le texte de ces décrets aux Pièces justificatives.

être tout sauvé. Le courageux prince Eugène avait, en Italie, repoussé les Autrichiens sur le Mincio, — efforts inutiles qui ne compensaient pas le vide fait dans nos rangs par l'absence de ses 30,000 soldats. Murat n'avait pas encore pris l'offensive contre sa patrie; toutefois il était lié à l'Autriche et avait ouvertement trahi. Sur l'Adour, le général Soult et Wellington gardaient une sorte de défensive expectante. En somme, il n'y avait sécurité nulle part, mais nulle part danger extrême, sauf sur l'Aube et la Seine; et là aussi, on pouvait concevoir quelque espérance. Les Alliés étourdis par les succès inattendus de l'Empereur demandaient un armistice; le prince Wenceslas de Liechtenstein, était venu de leur part trouver Napoléon devant Troyes le 23 février pour lui communiquer cette proposition. Napoléon, qui même en donnant carte blanche à M. de Colincourt, ne voulait pas traiter, qui même après cette concession apparente avait repoussé avec colère les limites de 1790 offertes à Châtillon, Napoléon ne songeait pas davantage alors à signer un armistice. Il acueillit cependant cette idée, pour endormir les Alliés, et il fut convenu que, sans suspension d'hostilités, les représentants des puissances se réuniraient à Lusigny. M. de Flahaut fut chargé d'y représenter la France. Les conférences s'étaient ouvertes justement le 24 février, jour de la mort de M. de Gouau et des décrets que nous avons cités. Elles ne devaient pas aboutir plus que celles du congrès de Châtillon qui furent définitivement rompues le 19 mars. Il eût été d'ailleurs assez étonnant que l'on signât la paix, alors que les Alliés au fond n'en voulaient pas plus que l'Empereur.

En effet, de grands projets s'agitaient dans leur Conseil. Blücher, retiré dans l'angle de la Seine et de

l'Aube après le combat de Méry, se plaignait amèrement de son isolement et de l'inaction de la grande
armée. Swarzenberg qui avait rétrogradé jusqu'à
Chaumont, laissant son avant-garde devant Bar-sur-
Aube, commençait à avoir honte de son extrême prudence. Les souverains, souvent en désaccord, rapprochés par les succès de Napoléon, leur frayeur et leur
haine communes, devaient bientôt resserrer leur
alliance par le célèbre traité de Chaumont qui servit
plus tard de modèle à la Sainte-Alliance. Pour le moment on songea à apaiser Blücher. Lord Castlereagh,
le puissant et adroit représentant de l'Angleterre, se
chargea de tout arranger. Il fut décidé que deux
divisions de l'armée du Nord, celles de Wintzingerode
et de Bulow seraient appelées à se joindre à l'armée
de Blücher, ce qui lui donnerait un effectif total de
70,000 soldats. Alors Blücher renforcé s'avancerait
par la vallée de la Marne, Schwarzenberg soutenu
d'autant, s'avancerait par la vallée de la Seine; ils
marcheraient de concert sur Paris, et écraseraient fa-
cilement Napoléon, pris entre leurs deux armées.

Blücher, instruit de ce nouveau plan de campagne,
n'eut plus alors qu'une pensée, celle de rejoindre les
puissants renforts qu'on lui accordait, et avec eux, en
faisant diligence, d'entrer le premier à Paris. Il passa
la Seine et pris à la hâte le chemin de la Marne.

Napoléon, averti de ce projet le 25, puis bientôt de
l'arrivée de Blücher à Meaux, quitta Troyes en secret
le 27 à midi, et porta son quartier-général à Herbisse,
près d'Arcis-sur-Aube. Suivant la coutume, son armée
l'avait précédé. Il laissait le général Gérard, les maréchaux Oudinot et Macdonald, chargés d'amuser
Schwarzenberg le plus longtemps possible, et les
troupes devaient crier fréquemment : Vive l'Empereur! pour donner le change aux Autrichiens. L'Em-

pereur comptait se jeter sur les derrières de Blücher, le pousser vers Marmont et Mortier restés sur la Marne, et le prendre comme dans un piège. A Herbisse, il coucha chez le curé du village qui n'avait que deux chambres à offrir à son état-major et à lui. Le bonhomme, tout fier d'une pareille compagnie, égaya beaucoup les généraux et maréchaux par ses étonnements naïfs et sa complaisance à discuter latin. Au point du jour, il n'était pas éveillé que Napoléon était déjà à cheval. Il ne s'est jamais pardonné de n'avoir point assisté à son départ, — à demi consolé pourtant, par la bourse que le grand-maréchal lui avait laissée, comme l'Empereur avait l'habitude de l'ordonner dans toutes les maisons pauvres où il logeait.

Nous ne suivrons pas en détail, Messieurs, l'armée française dans la campagne nouvelle qu'entreprenait son chef. Mais il faut pourtant vous en rappeler les principaux évènements heureux au début, bien funestes à la fin. L'intérêt de ce résumé nécessaire à la clarté du sujet, — il n'est que trop grand, puisqu'on en était venu à ce point que le sort de la France se trouvait à la merci d'une aventure de guerre, d'un seul combat.

Malgré la faiblesse de ses forces qui ne dépassaient pas 50,000 hommes et les périls de sa position, Napoléon agrandissait chaque jour ses projets. Il songeait maintenant, quand il aurait battu Blücher, à appeler à lui de toutes les places fortes de la frontière les garnisons qui y étaient mal bloquées, et à se retourner alors avec une belle armée contre Schwarzenberg. Mais d'abord il fallait battre Blücher. Enfin, le 3 mars, il parvient à passer la Marne et le pousse sur l'Oise vers Soissons. Blücher était cerné par Mortier et Marmont à gauche, par Napoléon à droite. Blücher était perdu. Il ne pouvait échapper

que par Soissons, et Soissons fortifié était à nous.
Tout-à-coup le 5, à Fismes, Napoléon reçoit une nouvelle désolante. Soissons s'était rendue. Un général
craintif, n'osant s'y défendre, l'avait livrée à Wintzingerode et à Bulow, à ces 50,000 hommes de renfort
que Blücher attendait. Blücher était sauvé. Ah! Messieurs, s'il est des hommes qui, dans leur orgueil, pré-
tendent conduire les évènements, avouez qu'ils ont
bien tort de compter sans cet imprévu auquel tout
les hommes donnent un nom, et qui vient tant de fois
déjouer les calculs les plus profonds comme les plus
assurés du succès.

Napoléon, rempli de douleur et de colère, ordonna
de faire fusiller le commandant de Soissons, — cruel
châtiment qui n'arrangeait rien; puis, bien qu'il eût
maintenant 100,000 hommes en tête, il persista dans
ces projets avec la ténacité que nous lui connaissons.
Avant de reprendre la lutte, il se décida enfin à faire
appel à l'insurrection patriotique, et lança deux décrets célèbres par lesquels : 1° Tous les citoyens
étaient requis de courir sus à l'ennemi; 2° Tous les
fonctionnaires qui mettraient obstacle à l'élan national seraient considérés comme traîtres et traités
comme tels. (1) Le même jour 5 mars, il vient se heurter
à Craonne à toute l'armée de Blücher, y perd 8,000
hommes, mais emporte le plateau. Cette sanglante
victoire ne décidait rien. Le 9, le 10, il s'acharne à
l'assaut de la formidable position de Laon, et cette

(1) Voir le texte de ces décrets aux Pièces justificatives. Il semble
contradictoire que Napoléon ait renoncé tout d'abord à susciter l'insurrection patriotique après y avoir songé un instant, et qu'il revienne
à cette idée le 5 mars. Ses propres sentiments lui faisaient sans doute
illusion ce jour-là. Il pensait que sa colère et son indignation devaient
être partagées par tous. Il revint bientôt à la vérité de sa situation.
Il exagérait même probablement son propre découragement, lorsque,

fois est forcé de reculer. Le 12, il écrase à Reims le corps russe d'un français, du général de Saint-Priest. Ce dernier succès était une faible compensation au renversement de tous ses plans. Les nouvelles les plus graves arrivaient de toutes parts. Paris perdait courage. Les conseillers de l'Impératrice perdaient la tête. Les royalistes gagnaient du terrain. Les Anglais étaient à Bordeaux. Schwarzenberg avait repris l'offensive, était rentré à Troyes et avait repris la route de Paris. L'invasion débordait de.nouveau.

Il est temps, Messieurs, de revenir sur les bords de l'Aube. Si vous voulez bien vous le rappeler, nous avions quitté Troyes le 27 février à la suite de Napoléon, nous avions laissé l'avant-garde des Autrichiens en arrière à Bar-sur-Aube, le général Gérard et le maréchal Oudinot sur l'Aube, le maréchal Macdonald sur la Seine en avant de Troyes, chargés de cacher le plus longtemps possible le départ de Napoléon. Mais un secret pareil ne peut pas être longtemps gardé. Schwarzenberg crut bientôt s'apercevoir qu'il n'avait plus affaire qu'à des lieutenants de l'Empereur. Il reprit l'offensive. Dès le 28 au matin, les Bavarois attaquèrent avec impétuosité le corps du général Gérard qui s'était barricadé dans Bar-sur-Aube. La ville, perdue une première fois, fut reprise par les Français, et une bataille très-meurtrière pour l'ennemi se livra dans les rues. Beaucoup d'habitants, dignes émules de ceux de Nogent, prêtaient main-forte à la troupe. Enfin,

après la bataille d'Arcis-sur-Aube, il disait amèrement au général Sébastiani, qui lui conseillait de soulever la nation : « Chimères, » chimères empruntées aux souvenirs de l'Espagne et de la Révolu-·» tion française ! Soulever la nation dans un pays où la Révolution » a détruit les nobles et les prêtres, et où j'ai moi-même détruit la » Révolution!... » (Thiers, Histoire du Consulat et de l'Empire. XVII, p. 534.)

il fallut battre en retraite et abandonner la malheureuse ville sans défense.

Pendant ce temps, le maréchal Oudinot, à la tête d'excellents soldats, vieilles troupes que Napoléon s'était décidé à rappeler d'Espagne, disputait avec un acharnement héroïque le passage de l'Aube à Dollancourt. Ce combat admirable, où 8 à 9,000 français tinrent toute une journée contre 30 à 40,000 Autrichiens, donne une idée des prodiges qu'aurait pu accomplir Napoléon, si au lieu de ses conscrits imberbes ou de ses gardes nationaux combattant à contre-cœur il avait eu de pareils soldats. C'étaient des braves, mais qui, à force de servir, avaient pris l'habitude de juger leurs propres chefs et avaient leur franc-parler. Après avoir vu Marengo, Austerlitz, Wagram, ils ne comprenaient rien à l'invasion de leur patrie. En cette circonstance, paraît-il, ils accusèrent hautement Oudinot de les avoir sacrifiés et trahis, — accusation certainement injuste, assez fréquente d'ailleurs à cette époque de mécontentement universel, mais qu'on a peine à voir fort légèrement accueillie et imprimée. Les trahisons malheureusement ne furent que trop nombreuses, sans qu'on vienne souiller la mémoire de braves comme Oudinot !

Tandis que le général Gérard et le maréchal Oudinot, rejoints par le général Macdonald qui était accouru au bruit du canon, battaient en retraite sur Troyes, les Bavarois livraient Bar-sur-Aube au pillage. Par sa conduite courageuse, cette petite ville s'était attiré le ressentiment des Alliés. Aussi le pillage fut-il cette fois l'effet d'un ordre et une punition. Comme le maire suppliait le prince de Wrède de le faire cesser, en lui apportant même l'ordre formel du roi de Prusse : « Allez dire au roi, répondit-il hautement, » que le pillage a lieu par mes ordres, et que si je ne

» l'avais ordonné, je l'ordonnerais maintenant. » Vous savez déjà, Messieurs, ce que c'était qu'un pillage ordinaire de la part de l'étranger. Je vous laisse à penser de ce que put être un pillage calculé et ordonné.

A Troyes, dès que le mouvement rétrograde des généraux fut connu, tous ceux qui avaient pris part au massacre des fuyards ennemis, le 24 février ou les jours suivants, commencèrent à se cacher ou à prendre la fuite. Nulle idée de résistance. La terreur était extrême. L'armée seule, en se retirant, ne cessait de livrer de violents combats aux Autrichiens, à Saint-Parres et au faubourg Saint-Jacques entre autres. Elle cherchait d'ailleurs à couvrir seulement sa retraite. La position défectueuse de Troyes au milieu d'une vaste plaine, le découragement ou la tiédeur des habitants en rendaient la défense impossible, et c'est à Nogent, derrière la Seine, que les généraux français allèrent reformer et abriter leurs lignes.

Le 4 mars, à dix heures du matin, l'ennemi se présenta pour la seconde fois devant Troyes à la porte Saint-Jacques, et après un simulacre de défense, les quelques troupes qui gardaient la ville se retirèrent. Les tristes scènes de la première occupation recommencèrent, avec plus de violences seulement. Le premier soin des Alliés fut de rechercher les noms de ceux qui, le 24 février, avaient poursuivi les traînards de leur arrière-garde, et surtout les assassins du militaire tombé près de St-Nizier. Le prince de Hohenlohe ordonna d'abord un pillage général, puis constitua prisonniers les principaux magistrats et fonctionnaires de Troyes, avec menace de brûler la ville, si les coupables n'étaient pas découverts. Il fallut mettre la police à sa disposition, et 1,000 fr. furent promis à quiconque indiquerait les meurtriers cherchés. Nous avons la douleur de constater, Messieurs, qu'il se trouva deux délateurs pour briguer la récompense promise. Leurs dépositions n'étaient que mensongères et dictées par quelqu'une de ces haines privées qui emploient trop souvent au profit de leurs vengeances les évènements et les désastres politiques. Elles amenèrent pourtant l'arrestation de deux tisserands, ouvriers fort paisibles. Les malheureux, malgré leurs protestations et leurs larmes, furent conduits à la place St-Nicolas, au haut du marché au blé, et immédiatement fusillés. Tout porte à voir dans cette exécution précipitée un souvenir et une vengeance de la mort du chevalier de Gouau.

Tel fut le sinistre début de la seconde occupation de Troyes par les coalisés. Dès lors, les mêmes scènes se répètent avec une fatigante monotonie. Mêmes flots d'étrangers traversant la ville ; mêmes violences; mêmes misères ; même abus des réquisitions. Le 7, le prince de Hohenlohe exige, pour le jour même, la remise de 200,000 rations de pain et autres denrées ; le 8, il demande 6,000 fusils ou 60,000 fr. ; puis, quelques jours après, il lui faut 200,000 fr., et j'en passe.

Les hôpitaux regorgent de malades. Une pièce authentique nous apprend qu'il y en entra 14,523 pendant la première occupation des Alliés, du mois de février au mois de juin 1814. Encore, bien entendu, n'est-il question que de la seule ville de Troyes ; car les Alliés avaient établi des hôpitaux sur plusieurs autres points du département.

Cependant le 14, le 16, un mouvement inaccoutumé qui fut remarqué parmi les troupes alliées, fit comprendre aux Troyens que quelque évènement nouveau était survenu. Les trois souverains du nord qui avaient quitté Troyes pour se rendre à Nogent, rentrèrent précipitamment dans la ville, et quelques jours après gagnèrent Chaumont : ensuite l'armée entière se porta vers Arcis ; on entendit le canon dans cette direction ; puis il cessa. Une bataille avait été livrée. Voici ce qui s'était passé.

Napoléon, après sa malheureuse tentative contre Blücher, l'évènement fatal de Soissons et le combat de Reims, avait été informé du mouvement offensif de Schwarzenberg, qui, repoussant Ondinot, Gérard et Macdonald devant lui, de Bar-sur-Aube à Troyes, de Troyes à Nogent, s'était même avancé jusqu'à Provins. Paris était directement menacé. Avant tout, il fallait le secourir. Le 17 au matin il abandonne Blücher, laisse devant lui Marmont et Mortier, quitte Reims et prend la route de la Seine. Le soir il passe à Epernay, le lendemain il est à la Fère-Champenoise. Son plan est d'assaillir de flanc la longue colonne de troupes échelonnées que Schwarzenberg dirige vers Paris, de la couper, ce qui est facile, et d'arrêter ainsi sa marche. Le 19, après plusieurs reconnaissances, il s'aperçoit à Plancy que son arrivée est connue, que Schwarzenberg se concentre, recule. Il se décide à l'attaquer sans perdre de temps. Arcis-sur-Aube est le rendez-vous donné à tous ses lieutenants pour le lendemain 20 mars. Oudinot, Macdonald, Gérard, Ney, Mortier, Marmont, sont tous prévenus, et si tous arrivent, il aura 85,000 hommes, il aura sa garde, il pourra suivre l'ennemi, l'atteindre dans sa retraite et frapper un grand coup. Le soleil d'Austerlitz se lèvera peut-être encore une fois.

Le 20 au matin, après avoir couché à Plancy, Napoléon arriva de bonne heure à Arcis-sur-Aube. Il y trouva le maréchal Ney et le général Sébastiani fort inquiets. L'ennemi avait suspendu sa retraite et s'avançait vers Arcis en masses profondes. En effet, Schwarzenberg et le Czar, après beaucoup d'hésitation, s'étaient décidés à reprendre l'offensive et à hasarder une bataille définitive. Le Czar surtout avait une

grande frayeur d'aborder l'Empereur de front. Après
une nuit d'anxieuses réflexions, il avait pourtant ap-
prouvé l'attaque, disant comme Henri IV en de pa-
reilles circonstances : « J'ai bien cru que la moitié
» de ma tête grisonnerait cette nuit. » C'est alors que
les trois souverains, avec plus de prudence que d'hé-
roïsme, avaient pris la route de Chaumont pendant
que Schwarzenberg et leur armée marchaient sur
Arcis. Plus de 90,000 hommes allaient assaillir Napoléon qui, à cette heure matinale, n'avait pas pu en
réunir encore plus de 20,000.

Les plis du terrain entre Arcis et Troyes dissimu-
laient l'approche de l'ennemi, et Napoléon qui avait
vu fuir les Autrichiens ne pouvait croire à leur retour.
Tout-à-coup ils parurent. Un torrent de cavalerie re-
jetant les uns sur les autres les premiers corps français les poursuivit au grand trot, et dans un sanglant désordre les repoussa jusque devant Arcis.
Napoléon n'eut que le temps de se réfugier au milieu d'un carré de Polonais que commandait Skrzy-
necki, l'héroïque chef de l'insurrection de 1830 ; —
touchante rencontre, n'est-il pas vrai, Messieurs, que
celle d'un bataillon de Polonais au combat suprême
livré par la France en 1814 ; triste similitude entre
nos destinées d'alors et celles de ce peuple infortuné,
vaincu, blessé, meurtri sans cesse, et qui ne peut
pas mourir !

Cependant les conscrits épouvantés fuyaient, et
déjà ils se précipitaient pêle-mêle vers les ponts
d'Arcis. Napoléon sort du carré, court à eux l'épée à
la main : « Voyons, mes amis, s'écrie-t-il, qui de
« vous repassera ce pont avant moi ! » Personne
n'osa plus l'abandonner ; tous restèrent, se reformè-
rent en ligne sous le feu même de l'ennemi, et le for-
cèrent à reculer.

La petite armée française n'en était pas moins dans

un mortel danger. Sur la gauche, Ney, au Grand-Torcy, soutenait les assauts furieux de l'infanterie autrichienne ; le village était pris et repris, enfin gardé par les français. A Arcis, de même. Entre ces deux points se trouvait un vide où l'ennemi cherchait à pénétrer. Les deux corps couraient à tout instant le risque d'être séparés et enveloppés. Napoléon allait sans cesse de l'un à l'autre, animant tout le monde au feu et payant lui-même de sa personne, avec ce courage inflexible dont il fit toujours preuve dans les grandes circonstances. Il semblait que l'Empereur abdiquât déjà en cette journée pour redevenir le général Bonaparte de Lodi et d'Arcole, ou même le simple lieutenant d'artillerie fraîchement sorti de Brienne.

En passant près d'une batterie, il s'aperçoit que le tir n'en est pas juste et qu'elle ne produit pas tout l'effet voulu. Aussitôt il descend de cheval et pointe lui-même une pièce. Le péril est extrême ; son cheval est renversé par un boulet de canon ; les artilleurs effrayés le supplient de ne pas s'exposer davantage : « Non, mes enfants, répond-il gaîment ; ne craignez » rien ; le boulet qui doit me tuer n'est pas encore » fondu. »

Plus loin, un obus tombe à côté de lui ; les soldats voisins reculent. Sans hésiter, il pousse son cheval sur l'obus qui fume et attend l'explosion ; l'obus éclate ; la fumée l'enveloppe ; il en sort sain et sauf, laisse son cheval blessé, saute sur un autre et repart au milieu des cris d'admiration de tous.

Enfin la vieille garde arrive par la rive gauche de l'Aube, passe le pont d'Arcis et se range devant la ville ; 2,000 cavaliers les suivent bientôt. Il devient possible de se défendre et l'on se défend ainsi jusqu'à la nuit.

Telle fut la bataille d'Arcis-sur-Aube, où 20,000 Français tinrent pied tout un jour contre 40, puis contre **90,000** étrangers; héroïque prodige qui ne devait servir à rien. Que faire en effet entre Schwarzenberg qui ne reculait pas, et Blücher qui s'avançait, entre **100,000** hommes d'un côté et **100,000** de l'autre? Combattre encore devenait folie, et tout autre que Napoléon se fût avoué vaincu. Il persista pourtant, non à tenir tête à ses ennemis pour le moment, mais à les tromper, et plus tard à les battre par un coup de maître.

Vous savez déjà, Messieurs, quel était ce grand projet, ressource suprême que Napoléon tenait en réserve. Il voulait se porter sur les derrières de l'ennemi, recueillir les garnisons de Lorraine, d'Alsace, de Franche-Comté, insurger les populations, marcher ensuite avec tout ce monde contre les Alliés tenus en échec par Paris, et les écraser entre Paris et lui. C'est pourquoi en dépit des représentations de tous ses généraux il quitta Arcis le 21 et s'éloigna avec son armée dans la direction de Vitry, laissant à Schwarzenberg la tâche difficile de deviner où il allait, espérant qu'il serait suivi.

Swarzenberg fut grandement surpris par ce départ. Croire que Napoléon lui abandonnait la route de Paris était bien invraisemblable. Il y avait là quelque piège caché sans doute, et le général autrichien fort inquiet se tenait sur ses gardes. Il avait fait suivre Napoléon, et Napoléon ne se retournait pas. Il crut enfin deviner ses projets et fit part de sa découverte aux souverains. Blücher arrivait avec **100,000** hommes. Il en avait lui-même **100,000**. Comment reculer? Ce fut aussi l'avis d'Alexandre, qui le 23 vint de Chaumont au château de Dampierre, près d'Arcis. La prise de dépêches très importantes écrites par l'Empereur à l'Impératrice et au duc de Rovigo, le Ministre de la police, fit tomber toute hésitation. Il y témoignait tant d'inquiétude au sujet de Paris que Schwarzenberg et Alexandre n'hésitèrent plus à y courir au plus vite. Enfin, le 24 mars, une résolution définitive où l'Empereur d'Autriche seul n'assistait pas, fut prise par les souverains et leurs conseillers dans une assemblée générale tenue en plein champ sur une éminence que l'on montre encore près de Sommepuis, à quelques lieues d'Arcis. Il fut décidé que l'on marcherait sur Paris, et l'armée commença à s'ébranler aussitôt; — si bien que votre département, Messieurs, illustré par les combats héroïques de Brienne, de La Rothière, d'Arcis, compte aussi parmi ses souvenirs, les plus tristes il est vrai, celui d'avoir vu la conclusion de cette campagne héroïque, les Alliés à Sommepuis déclarant que tout est fini et qu'ils vont prendre Paris.

Le même jour, à Troyes, le général comte Frenel, aide-de-camp du prince de Hohenlohe, et qui gouvernait Troyes à sa place depuis l'évènement d'Arcis, faisait ses préparatifs de départ. Le même jour, il allait remercier le conseil de préfecture de son zèle pendant l'occupation, il remettait les clefs de la ville au conseil municipal et au maire, recommandait les malades et disait adieu à tous plus poliment qu'on ne s'y serait attendu. Ces adieux, il est vrai, ne manquaient pas d'ironie et rappellent la harangue de l'hetman des Cosaques Platof aux magistrats de Bar-sur-Seine, avant de quitter la ville : « Messieurs, les bar- » bares du Nord ont, en vous quittant, l'honneur » de vous saluer. » Les soldats, plus franchement, criaient en défilant par les rues : « Hurrah ! hurrah ! » à Paris ! à Paris ! »

L'occupation finissait à Troyes, et la ville ne fut plus traversée qu'à d'assez longs intervalles par des troupes qui ne s'arrêtaient pas. (1)

(1) La nouvelle de la prise de Paris arriva à Troyes le 8 avril

Je me trompe, Messieurs, vous étiez destinés à tout voir et jusqu'au bout dans cette étonnante et tragique histoire de trois mois. Le 29, Napoléon reparut parmi vous. Au milieu même de son entreprise désespérée pour insurger les provinces de l'Est, il s'était aperçu de la marche des Alliés vers Paris. On ne le suivait donc pas ! et Paris tiendrait-il assez longtemps pour lui permettre de recueillir tout son monde et de marcher au secours de la capitale ? Ce doute terrible l'obsédait. Autour de lui, dans le cœur de tous, régnait l'anxiété la plus cruelle. Le 28 il s'était arrêté à Saint-Dizier, presque forcé à ne pas aller plus loin par les supplications menaçantes de son armée et de ses généraux. Il s'était décidé à abandonner son grand projet et à courir au secours de Paris. En route, à Doulevent, il avait reçu un billet du comte de La Vallette, directeur des postes, qui l'informait des menées fort dangereuses qui s'agitaient à Paris contre lui. A Dollancourt, un courrier expédié par le comte de Lanjuinais était venu confirmer le premier. Enfin le 29, suivi de son armée qui s'avançait à marches forcées, il venait coucher à Troyes. Il y prend quelques rafraîchissements ; il s'y repose trois heures seulement et repart la même nuit. Puis, il quitte son armée, la précède ; il court en voiture, à cheval, en poste, comme il peut ; il arrive près de Fontainebleau ; il y rencontre, le 30, vers minuit, une troupe de cavaliers en marche. Il saute de voiture, leur demande des nouvelles..... Paris s'était rendu !

Telle fut, Messieurs, la campagne de 1814. On peut en suivre, vous le voyez, presque toutes les

seulement. Les dernières troupes qui traversaient la ville en partirent le 30 mai. Les habitants virent passer aussi l'impératrice Marie-Louise et le roi de Rome qui logèrent hôtel de Mesgrigny, place Saint-Pantaléon.

péripéties, sans sortir de votre département. Hélas !
que vos pères ont payé cher le spectacle de tant d'é-
vènements et de tant d'hommes fameux ! Tandis que
la plus grande partie de la France ne voulait pas
croire au récit de vos malheurs, vous seuls avez
connu la guerre, l'invasion. N'allez pas cependant,
je vous en prie, maudire à jamais les Alliés et les
considérer comme des monstres, malgré tout le mal
qu'ils vous ont fait. Peut-être en ce cas vous faudrait-il
maudire tous les hommes. Car la guerre, croyez-le,
est à-peu-près la même partout. Nous prononcer sur
les Français est difficile : on ne peut être à la fois
juge et partie dans sa propre cause. Mais les hommes,
en général, cachent sous des uniformes de toutes
couleurs un amas confus de passions toujours sem-
blables. La guerre les déchaîne, et alors tout leur
est permis. Frapper, piller, brûler, tuer... c'est la
guerre, c'est l'éternelle histoire des querelles des nations ! Tant qu'elles ne seront pas assez sages pour
répudier la colère, la haine, l'ambition, il y aura des
guerres, des nations pleureront et souffriront comme
la France en 1814. Ce n'est donc pas tant l'étranger,
Messieurs, que la guerre qu'il faut détester. Il y a
au-dessus des rivalités nationales, l'intérêt général
de l'humanité. C'est pourquoi les peuples belliqueux
eux-mêmes s'efforcent de nos jours d'adoucir les
effets de ce mal proclamé jusqu'ici nécessaire ; —
trop heureux s'ils parviennent à élever contre les ins-
tincts brutaux que la guerre développe, les barrières
internationales d'un droit meilleur ; trop heureux
surtout s'ils parviennent à rendre courtes et promptement décisives ces douloureuses épreuves que traverse l'humanité.

PIÈCES JUSTIFICATIVES

§ 1. — Projet de soulever la nation.

*Lettre du Ministre de l'Intérieur au Préfet de l'Aube du 28
Janvier 1814. (Copie) (1).*

« Les projets d'envahissement de l'ennemi reçoivent leur exécution; votre département est un des plus rapprochés de ses auda-
cieuses entreprises. Des Français ne sauraient en être les victimes
résignées : Que toute votre population se soulève; organisez en
gardes nationales tous les habitants capables de porter les armes;
que les fusils de chasse, l'arme blanche, que les instruments des
plus paisibles travaux soient entre les mains des bataillons que vous
allez former, jusqu'au moment où ils pourront recevoir des armes de
calibre. Mettez à la tête de ces bataillons les hommes que vous
connaîtrez le plus par leur dévouement, par l'énergie de leur caractère, les propriétaires les plus dévoués, les plus intéressés à sauver
de la honte et du pillage leurs familles et leurs biens. Vous donnerez
des brevets provisoires à tous les officiers et vous m'en adresserez la
liste pour que je puisse les confirmer.

» Vous chercherez surtout à former des corps de partisans dont
les chefs aient quelque habitude de la marche des armées et des
meilleurs moyens de les inquiéter.

» Des corps de partisans habilement et audacieusement conduits
rendraient d'immenses services; ils surprendraient les convois, enlèveraient les partis que l'ennemi envoie à la découverte, prendraient
ses dépôts, ses bagages; tout ce qu'ils enlèveraient seraient à eux.

» Outre le mal positif que des levées générales, même sans uni-
forme, sans armes régulières, peuvent faire à l'ennemi, elles auront
un résultat moral de la plus haute importance; l'étranger en voyant
la population armée se pénétrera davantage des conséquences de son
entreprise; il comprendra qu'en s'avançant dans un tel pays, la retraite peut lui devenir impossible; il deviendra timide dans ses
marches; il n'osera hasarder ni hommes, ni convois, sans les faire

(1) Papier non classé.

soutenir par des forces de quelque importance. Des partisans qui s'établiraient sur ses derrières, couperaient ses communications; il faut s'attacher à enlever ses estafettes, ses ordonnances, favoriser surtout les compagnies de partisans à cheval.....

« MONTALIVET (1). »

§ 2. — Projet de dépeupler le pays devant l'ennemi.

Lettre du Ministre de l'Intérieur au Préfet de l'Aube du 4 Janvier 1814. (Copie) (2).

« ..... Il serait bien à désirer, qu'à l'exemple d'autres peuples, on pût ne laisser à l'ennemi qu'une terre sans habitants; mais lorsqu'il ne serait pas possible d'atteindre entièrement ce but, vous concourrez de tous vos moyens et de toute votre influence à obtenir que toutes les familles ayant assez d'aisance pour vivre momentanément ailleurs, quittent leur sol, lorsqu'il sera souillé par la présence de l'ennemi : des sujets fidèles manqueraient à un de leurs premiers devoirs en vivant sous sa domination passagère....

« MONTALIVET (3). »

§ 3. — Efforts pour réveiller l'esprit public.

Proclamation. — Le sénateur comte de Ségur, grand-maître des cérémonies, commissaire extraordinaire de S. M. l'Empereur et Roi dans la 18ᵉ Division militaire, aux Habitants du département de l'Aube. (Imprimé.)

« Messieurs,

« La France désire la paix; le monde entier en a besoin; l'Empereur la veut et vous en jouirez bientôt, si, au moment où l'ennemi osera envahir vos frontières, vous continuez à montrer en vrais français, le bon esprit, le zèle et le courage qui vous ont en tout temps distingués.

» L'Empereur m'envoie au milieu de vous pour vous dire d'importantes vérités, et pour vous parler de vos plus chers intérêts.

» Sa Majesté connaît les maux que vous avez soufferts, les pertes que vous avez faites : son cœur en a gémi.

(1) Signature autographe.
(2) Papier non classé.
(3) Signature autographe.

« Elle avait des projets plus vastes pour votre gloire et votre prospérité : l'inconstance des éléments et celle de ses Alliés, ont empêché l'accomplissement de ses grands desseins.

« L'Empereur préfère le bonheur du peuple à une gloire trop coûteuse. Il a donc renoncé à tout projet d'agrandissement; il a consenti à des sacrifices pénibles pour lui comme pour nous; enfin, il a accepté des conditions de paix que lui proposaient nos Alliés.

» Vous jouiriez donc déjà de cette paix souhaitée, si ces mêmes ennemis n'avaient pas voulu la retarder encore. Ils diffèrent de signer un traité dont ils ont eux-mêmes posé les bases; et pendant ce délai, ils cherchent par des insinuations perfides à vous faire douter des intentions pacifiques de Sa Majesté!

« Aucun Français ne peut être trompé par eux. L'Empereur a déclaré au Sénat, au Corps législatif, en face de l'univers, qu'il veut la paix, *et qu'il sent, comme monarque et comme père, tout ce que la paix ajoute à la sécurité des trônes et à celle des familles.*

» Il a déclaré solennellement qu'il acceptait toutes les conditions que proposaient les Alliés; et cependant ces mêmes ennemis retardent la conclusion de cette paix à laquelle Sa Majesté a consenti! Non-seulement ils continuent les hostilités, mais ils violent le territoire d'un Etat neutre; ils entrent en France; ils menacent les départements qui vous avoisinent!...

» L'Empereur, à la tête de ses armées, va s'avancer pour les combattre, s'ils diffèrent plus longtemps la signature d'un traité qu'eux seuls retardent sans motif.

» Français! l'ennemi est entré en France! Vous sentez ce que l'honneur et la patrie attendent de vous! Vous serez fidèles à leurs voix!

» Si, jusqu'au moment où votre armée va s'avancer, vous prenez l'attitude fière qui convient à un grand peuple, si vous organisez rapidement vos gardes nationales, comme vous l'avez déjà commencé, vous verrez bientôt l'ennemi s'arrêter dans sa téméraire entreprise. Il ne sera pas assez insensé pour oser pénétrer au milieu d'une nation qui se lève et qui s'arme pour l'arrêter.

» Déjà l'avant-garde d'un de nos corps a fait reculer ces étrangers, qui comptaient sur le pillage et qui n'ont rencontré que la mort!

» Déjà ils tremblent de s'engager plus loin dans une contrée belliqueuse où ils trouveraient en tout homme un ennemi, et à chaque pas un combat. Leur imagination s'effraye en pensant que devant eux, sur leurs flancs et derrière eux, vos gardes nationales, les entourant de tous côtés, les priveraient promptement et de subsistance et de tout espoir de retour. Ils savent que si vous sacrifiez tout ce qui est hors de vos limites, vous ne vous soumettriez jamais à leur livrer votre propre territoire.

» Aussi cherchent-ils moins à vous combattre qu'à vous séduire.

» Ils voudraient vivre pendant quelque temps aux dépens d'une partie de vos frontières. Ils n'étendraient leurs pillages qu'aux lieux où leur feinte modération trouverait des dupes ou des bras désarmés.

« Eh! qui pourrait croire à leurs proclamations et à leurs perfides promesses?

» Ils ont promis aux Suisses, dont ils violaient le territoire, de les traiter en amis, et ils viennent de mettre de fortes contributions à Bâle.

» Il faudrait bien, s'ils avançaient, qu'ils s'emparassent de vos vins, de vos blés, de vos troupeaux, des produits de vos fabriques, de votre industrie!... Ils les paieraient le premier jour avec de l'argent, le deuxième jour avec du papier, et ensuite par des violences et des outrages!!...

» Mais ils ne pourront ni vous effrayer, ni vous tromper.

» Habitants du département de l'Aube, la plus grande tranquillité règne parmi vous; vos administrateurs jouissent de votre confiance et sont satisfaits de votre conduite. Vous venez de donner à l'armée les bras qui lui étaient nécessaires; vous fournissez les chevaux qu'on vous demande; l'Empereur sent l'étendue de ces sacrifices, et veut que ces sacrifices soient les *derniers!*

» La garde nationale, dont on vient d'ordonner la formation, n'a d'autre objet que de défendre vos propres foyers, que de maintenir le bon ordre de vos cités populeuses.

» En vous quittant pour me rendre dans les départements plus près de nos frontières et plus menacés par l'ennemi, je vous le répète avec une pleine confiance, le danger dont on aurait voulu vous effrayer n'est rien, si vous le voulez; c'est un nuage que grossit l'imagination, et que le courage dissipe.

» Montrez-vous debout et prêts à vous armer! L'Empereur, à la tête de ses braves soldats, approche, et vous aurez bientôt une paix solide qui vous dédommagera et vous récompensera de tous vos généreux sacrifices. Mais songez bien que, puisque les ennemis diffèrent encore la paix qu'ils ont proposée, le seul moyen de l'obtenir promptement, c'est de vous présenter à eux dans l'attitude de la force et de la fierté. S. M. vient de dire elle-même au Sénat : *A l'aspect de tout ce peuple en armes, l'étranger fuira ou signera la paix sur les bases qu'il a lui-même proposées : il n'est plus question de recouvrer les conquêtes que nous avons faites.*

» Le comte de SÉGUR. »

« ..... Et sera la présente Proclamation imprimée, publiée et affichée dans toutes les communes de ce département.

« Troyes, le 1er Janvier 1814. »

Séance du Conseil municipal de Troyes du 24 Janvier 1814 (1).

» Vu le décret impérial du 21 de ce mois;

» Considérant que, dans toutes les circonstances, les habitants de la ville de Troyes se sont empressés de répondre à l'appel de la patrie et du souverain;

» Que, dans le moment actuel, où la ville se trouve menacée par l'étranger, les habitants doivent développer l'énergie et le patriotisme dont ils ont, en tous temps, donné des preuves;

» Qu'il ne s'agit de rien moins que de défendre leurs familles et leurs propriétés;

» Que, par son décret ci-dessus relaté, Sa Majesté appelle des volontaires à faire partie des douze nouveaux régiments de voltigeurs et de tirailleurs de la nouvelle garde, et assure à leurs familles les secours fixés par le décret impérial du 9 décembre dernier,

» Invitent les citoyens en état de porter les armes, et ceux que les circonstances privent de travail, à se présenter au bureau de la Mairie, où un registre sera ouvert à l'effet de recevoir leur inscription.

» Ont signé :

MM. PIOT DE COURCELLE, GOYER? LEROUGE, CHANOINE, BLAVOT, TRUELLE, VERNIER, HUET, DELAPORTE, DOÉ, LÉVESQUE, DAURÉ, ROBLOT, ANGENOUST, DAL-BANNE LE BŒUF. »

§ 4. — Etat moral de Troyes et du département en janvier 1814. — Mouvements des troupes.

Lettre du baron Cafarelli, préfet de l'Aube, au Ministre de l'Intérieur, en date du 17 janvier 1814. (Minute) (2).

« Monseigneur,

» Vous connaissez mieux que moi la situation générale des choses, et l'effet que l'entrée de l'ennemi en France a produite sur les esprits. A la consternation générale a succédé un peu d'espoir que l'arrivée de M. de Ségur avait augmentée : mais les progrès de l'ennemi plongent de nouveau les Français dans la terreur. Il occupe, au moins par des détachements, les départements voisins : celui de la Haute-Saône, celui du Doubs, peut-être celui du Rhône, et menace ceux qui composaient la ci-devant Champagne et la ci-devant Bourgogne. Les

(1) Registre n° 5.
(2) Papier non classé, de même que toutes les lettres qui suivent.

levées en masse sont ordonnées dans plusieurs départements : elles effrayent et produisent peu d'effet. Au moins ce que je vois est fait pour donner des inquiétudes sur une mesure commandée par les circonstances, et à laquelle l'ennemi a dû une grande partie de ses succès contre nous en Allemagne. On se demande avec qui on marchera? Avec quelles armes on se défendra? On voit avec inquiétude qu'il n'y a ni troupes pour former un noyau, ni armes, ni munitions. Voilà, Monseigneur, ce que j'entends, et toutes mes tentatives, tout ce que je peux annoncer, échoue contre des considérations dont je ne puis anéantir la force. L'arrivée prochaine de la vieille garde à Langres, que je me suis empressé de faire connaître, a donné un peu d'espoir; mais la crainte est toujours plus forte, et il semble à chacun que l'ennemi est à nos portes. — Troyes n'est pas une ville ouverte, mais elle n'est pas entièrement fermée. La démolition de la porte Croncels laisse ce côté entièrement accessible. Cependant, Monseigneur, je crois qu'on peut se défendre, au moins contre les partis que l'ennemi envoie toujours à l'avance pour tâter le terrain, et si vous le trouvez bon, je ferai, aussi tard que possible, des dispositions pour l'arrêter dans le cas où il jugerait à propos de s'avancer. Je dis que je les ferais aussi tard que possible, parce qu'il y a peu de choses à faire, et qu'il en résulterait cependant des dégradations considérables. Si j'apprends qu'on a poussé jusqu'à Chaumont, je ferai mes dispositions, qui seront favorisées par les canaux multipliés qui nous environnent; et si je réussissais seulement à retarder l'ennemi de quelques jours, je croirais avoir fait quelque chose d'utile. Veuillez, Monseigneur, me donner vos ordres là-dessus, ainsi que sur le transport des caisses et l'évacuation de Clairvaux. Faut-il laisser dans ce lieu les 300 mendiants qui s'y trouvent, où faut-il leur donner la liberté? Les prisonniers de guerre seront évacués. Le ministre a donné un ordre qui ne les comprend pas à la vérité, mais que le commandant du département est chargé d'interpréter en cas d'urgence. Clairvaux est assez sur le côté et suffisamment enfoncé dans les bois pour qu'il n'y ait pas à présumer que l'ennemi s'y présente. Je désire cependant connaître votre pensée sur cette maison, et j'ose vous supplier, Monseigneur, de me donner sur tous ces objets, dans votre lettre, les instructions que je prends la liberté de vous demander.

» Je suis, etc.

« J'achevais ma lettre lorsque j'ai reçu le *Moniteur;* j'y ai lu les considérants du décret relatif à M. le baron Capelle; ils déterminent ce que je dois faire, malgré la faiblese de la ville, et je vais m'en occuper sans retard. »

*Lettre du baron Cafarelli au Maire de Troyes (1), en date
du 17 Janvier 1814. (Minute.)*

« Dans les circonstances où nous nous trouvons, Monsieur, une surveillance ordinaire est insuffisante; il faut un redoublement de soin,
d'attention, de précautions, pour prévenir les menées des gens que
l'ennemi peut envoyer dans le pays pour reconnaître l'état de la ville,
la situation des esprits et les mesures de défense que l'on prend.
Comme moi, Monsieur, vous savez qu'il est des individus indignes du
nom français, qui, traîtres à leur pays, se chargent de guider les
colonnes dévastatrices et les hordes de cosaques dont le seul but est
de nous piller. Chargé de veiller à la sûreté de la ville, vous ne devez
négliger aucune mesure de police que votre prévoyance éclairée peut
vous suggérer : c'est surtout par les visites fréquentes et suivies faites
chez tous les logeurs, aubergistes, cabaretiers, et à toutes les heures,
c'est par des patrouilles souvent répétées, que nous parviendrons à
déjouer la malveillance et à conserver à vos concitoyens une tranquillité dont ils sentent tout le prix. Le premier moyen est dans vos
mains; je n'ai d'autre recommandation à vous faire que d'ordonner
de poursuivre avec vigueur tout individu qui serait pris en faute.
Quant au second, il ne peut avoir lieu sans le concours de l'autorité
militaire. Entendez-vous, Monsieur, avec le commandant de place
auquel je vais écrire à ce sujet (2). Rendez-moi, je vous prie, un
compte fréquent du succès des mesures que vous prendrez et de votre
surveillance.

» Agréez, etc. »

—————

*Lettre du comte de Ségur, commissaire extraordinaire dans la
18ᵉ division militaire, au Préfet de l'Aube, datée d'Auxerre
du 21 Janvier 1814. (Autographe.)*

« Monsieur le Baron,

» Je m'arrête quelques jours à Auxerre, et je compte avoir l'honneur d'aller vous revoir. Je suis bien sûr que j'aurai dans ce voyage
plus de satisfaction que je n'en ai eu dans tout le reste de ma mission,
où je n'ai été le témoin que de tristes évènements. Je crois cependant
avoir rendu le service d'avoir retardé de dix à douze jours la prise de
Dijon, d'avoir donné à Châlons le temps de se mettre en défense,
et à Auxonne de s'approvisionner et de se réparer; avec 450 hommes
dans une ville ouverte, c'était je crois tout ce qu'on pouvait faire
contre quatre mille hommes.

(1) M. Piot de Courcelle.
(2) Le général Dulong.

» M. Pastoret (1) qui vous porte cette lettre vous racontera en détail tous ces évènements, et j'aurai par lui de vos nouvelles. Car c'est de votre côté qu'on attend notre salut.

» Agréez, je vous prie, Monsieur le Baron, l'assurance de ma considération distinguée.

» Le comte DE SÉGUR. »

Lettre du comte de Ségur, commissaire extraordinaire dans la 18ᵉ division militaire, au Préfet de l'Aube, datée de Sens du 25 Janvier 1814. (Autographe.)

« Monsieur le Baron,

» Je vous prie de vouloir bien me donner par estafette des nouvelles de Troyes. Le maréchal duc de Trévise (2) y est-il, comme on le dit, ou marche-t-il de nouveau en avant de Bar-sur-Aube? Avez-vous vu des troupes à Troyes? Peut-on en envoyer à Châtillon-sur-Seine où les ennemis ont paru? Vous savez qu'un de leurs détachements s'est montré près de Tonnerre et menaçait Joigny. Les communications les plus fréquentes sont nécessaires en ce moment pour régler la marche qu'on doit tenir et les secours qu'on peut se prêter. Votre garde nationale est-elle nombreuse et armée? Avez-vous des éclaireurs du côté de Châtillon et des nouvelles de ce point?

» Agréez, je vous prie, Monsieur le Baron, la nouvelle assurance de ma considération distinguée.

» Le comte DE SÉGUR. »

» Je vous prie de vouloir bien me répondre aussitôt que vous aurez reçu ma lettre et de m'adresser votre réponse à Sens. Il est possible que demain dans la matinée je me dirige vers Joigny. »

Réponse du baron Cafarelli au comte de Ségur, en date du 26 janvier 1814, cinq heures du matin. (Minute.)

« Monsieur le Comte,

» Je réponds par un courrier et succinctement à la lettre que vous m'avez fait l'honneur de m'écrire hier de Sens. M. le maréchal (3) arrive aujourd'hui à Troyes avec son armée; il est suivi par l'ennemi qui m'obligera sans doute bientôt à quitter cette résidence. Il y a eu

---

(1) Le marquis de Pastoret, qui fut plus tard Président de la Chambre des Pairs, qui était alors sénateur.

(2) Mortier.

(3) Le duc de Trévise, Mortier.

une affaire assez chaude le 24 à Bar-sur-Aube; l'ennemi a perdu beaucoup de monde, mais il est si fort que M. le maréchal a cru devoir se retirer quoiqu'il n'eût pas perdu un pouce de terrain.

» L'ennemi est à Bar-sur-Seine. Nous avons des postes de ce côté-là, où il n'a rien tenté hier.

» La garde nationale n'est ni organisée, ni armée. Personne ne veut obéir : cette garde nationale à former, la levée en masse et la conscription de 1813 sont trop à la fois; aussi n'obtient-on rien du tout. La ville ne se défendra pas ; il y a une garnison qui se retirera sans doute avec le maréchal.

» Voilà, Monsieur le comte, le triste exposé de notre situation.

» Je suis..... »

Lettre du comte de Ségur au baron Cafarelli, datée de Sens du 27 janvier 1814. (Autographe.)

» Je vous remercie, Monsieur le Baron, des renseignements que vous m'avez donnés. Vous concevez avec quelle impatience nous attendons des nouvelles des événements qui vont se passer près de vous. A cet intérêt général se joint celui du reste de la 18e division dont le sort dépend de ce qui va se passer entre Châlons (sur-Marne) et Troyes. Ayez donc, je vous prie, la bonté de me tenir fréquemment ces jours-ci et aujourd'hui même, et par estafette, au *courant de votre position*. Dans le cas où vous évacueriez Troyes, il est de l'intérêt le plus urgent pour le département de l'Yonne que j'en sois instruit le plus rapidement possible. Les nouvelles d'Auxerre sont bonnes et tranquillisantes. Du côté de Châlons (sur-Saône), tout va bien; les habitants de cette ville et ceux de Tournus ont repris Mâcon ; j'en ai reçu hier la nouvelle.

» Agréez, Monsieur le Baron.....

» Le Cte DE SÉGUR. »

Réponse du baron Cafarelli au comte de Ségur, en date du 27 janvier. (Minute.)

« Monsieur le Comte,

» Je m'empresse de vous instruire de ce qui vous intéresse si vivement, et qui peut influer beaucoup sur le département dans lequel vous vous trouvez.

» M. le maréchal (1) est arrivé à midi, il a bien voulu occuper l'appartement que vous avez occupé. Son armée a pris position à l'entrée

(1) Le duc de Trévise, Mortier.

de la ville du côté de Vendeuvre ; une partie de la garde est dans la ville, la cavalerie cantonne, ainsi que le reste des troupes. L'ennemi n'a suivi que de loin, et ce soir 2,000 hommes de la garde et 12 pièces de canon sont allés se placer au pont de la Guillotière, à 2 lieues d'ici, position excellente pour arrêter l'ennemi. M. le maréchal avait eu ordre de repartir de suite sur Arcis et Vitry pour se lier à l'armée de S. M. Mais ayant appris que les ennemis s'étaient renforcés du côté de Bar-sur-Seine, il a craint de laisser Troyes à découvert, et s'est décidé à rester ici encore quelques jours. Il est donc clair que nous n'évacuerons pas cette ville, au moins pour le moment.

» M. le général Dufour est revenu à Arcis avec les troupes qu'il avait amenées à Brienne ; ce dernier lieu est, dit-on, occupé par l'ennemi, qui a partagé ses troupes : une partie est allée directement à Arcis, et l'autre suit M. le maréchal. La première trouvera le pont de Lesmont coupé, et M. le maréchal saura au besoin éloigner la seconde sans compromettre des troupes précieuses qui sont le noyau de son armée. J'aurai l'honneur, Monsieur le Comte, de vous tenir au courant des événements, autant que le permettront les nouvelles dispositions de l'administration des postes, qui met les estafettes au compte des autorités qui les requièrent.

» Permettez, M. le Comte, que je vous fasse compliment de la reprise de Mâcon, chef-lieu d'un des départements confiés à votre surveillance. Cette victoire est d'un bon augure, et vous êtes fait pour porter bonheur partout où vous irez.

» Je ne terminerai pas cette lettre sans prendre la liberté de vous demander des nouvelles de votre santé. Vous êtes parti souffrant, les inquiétudes que vous aviez éprouvées ont bien sûrement influé sur votre état ; ce n'était pas le moment de vous en parler. Aujourd'hui, qu'un peu de mieux se fait apercevoir, je vous prie de me faire savoir comment vous vous trouvez : je désire pour votre santé le même succès que pour votre mission.

» Je suis..... »

Lettre du baron Cafarelli au Ministre de l'Intérieur, en date
du 27 janvier 1844. (Minute.)

« Monseigneur,

» Le quartier-général de M. le maréchal duc de Trévise a été hier toute la journée à Vendeuvre, l'armée en avant du côté de Bar-sur-Aube ; elle se replie aujourd'hui sur Troyes, mais ne doit pas y entrer. M. le maréchal y établira son quartier-général. Il paraît qu'on va faire un mouvement sur Arcis ; le pont de Lesmont, refait à neuf il y a deux mois, a été rompu avant-hier au soir, et les troupes aux ordres de M. le général Dufour sont revenues à Arcis. Je ne parle pas à V. Exc. de tout ce que le département a à fournir. En pareille cir-

constance, on ne s'attend pas, sans doute, à la rentrée des contributions. Le service de l'armée en impose d'énormes. La ville de Bar-
sur-Aube et l'arrondissement se sont bien conduits et ont fourni avec
empressement. M. Rivière, sous-préfet, est arrivé hier, il était sorti
avec l'armée. Celui d'Arcis, M. Sarcey, a vraisemblablement perdu
la tête, puisque j'apprends dans le moment, par une lettre du maire,
qu'il est parti hier à cinq heures du matin, sans rien dire à personne. Le maire d'Arcis, homme zélé et intelligent, a tâché de le
remplacer momentanément; je vais lui envoyer par ordonnance,
l'autorisation nécessaire; il est membre du Conseil d'arrondissement.

» Si M. le maréchal se retire sur Arcis, j'attendrai ici l'effet de
son mouvement, ou bien que les troupes ennemies qui se sont diri-
gées sur Bar-sur-Seine viennent nous attaquer; ma détermination
est nécessairement subordonnée à des circonstances que je ne sau-
rais prévoir.

» Du côté de Bar-sur-Seine, les choses sont dans le même état :
il y a un poste ennemi à Saint-Parres-les-Vaudes, et on voit les vé-
dettes sur la route; quelques cavaliers se détachent pour faire con-
tribuer soit les villages, soit les particuliers qu'ils rencontrent; mais
c'est peu de chose, personne n'a passé la Seine qui est à leur droite.

» Il ne peut plus être question, Monseigneur, de l'esprit de la ville
de Troyes; l'autorité militaire ayant pris le soin de la défense de la
place, on se tait, mais on tremble de se défendre, parce qu'on craint
l'incendie facile d'une ville en bois; je crois aussi que l'idée des sui-
tes d'une défense qui ne saurait être prolongée est toute aussi forte
que celle d'un incendie. Quelles que soient, Monseigneur, les dispositions des habitants, je ferai en sorte que la garnison, les généraux
soient satisfaits, et que l'Empereur n'ait aucun reproche à faire à
une ville qu'il a daigné plusieurs fois honorer de sa bonté.

» Je suis, etc. »

*Lettre du Major-général de l'armée de l'Empereur au Préfet
de l'Aube, datée de Brienne, 30 janvier 1814, 9 heures 1/2
du soir. (Autographe.)*

« Monsieur le Préfet de l'Aube,

» Je vous préviens que le quartier-général de l'Empereur est à
Brienne; nous occupons les principaux ponts sur l'Aube. Nous avons
battu l'ennemi hier 29. Nous lui avons fait des prisonniers, nous l'a-
vons chassé de Brienne, et nous le poursuivons sur Bar-sur-Aube.

» Je vous renouvelle, Monsieur le Préfet, l'assurance de ma par-
faite considération.

» *Le prince de Neufchâtel et de Wagram, Major-général,*
» BERTHIER (1). »

(1) On devine plutôt qu'on ne lit les derniers mots et la signature.

Lettre du Préfet de l'Aube au Conseiller d'Etat (1) chargé de la police générale (2ᵉ arrondissement), en date du 1ᵉʳ février 1814. (Minute.)

« Monsieur,

» Comme vous je pense que, dans les circonstances critiques où se trouve la France, il est besoin d'une surveillance active pour découvrir les entreprises que pourraient former des gens mal intentionnés et déjouer leurs projets. Mais cela devient d'une exécution bien difficile dans une ville encombrée de troupes de toutes armes qui vont et viennent sans cesse, et sont sans cesse remplacées par d'autres. Tout ce qu'on peut faire en pareil cas, c'est de maintenir l'ordre, de prévenir tout qui peut porter atteinte à la tranquillité publique, observer la marche de l'opinion et la diriger, si c'est possible, vers le but que se propose le Gouvernement.

» Dans le moment actuel, le peuple de Troyes, celui du département n'ont qu'un objet en vue, celui de leur situation, environnés d'ennemis qui le dépouillent et obligés de pourvoir aux besoins du soldat qui vient pour le défendre. Toute autre idée leur est absolument étrangère, et cela n'a rien d'étonnant. Les hommes écoutent leur intérêt, surtout celui du moment présent, et lorsque l'ennemi d'un côté ayant envahi les deux tiers du département menace l'autre tiers, que ce tiers est parcouru par des soldats qui réclament avec quelque raison des secours dispendieux, tout le monde sent le malaise qui pèse sur lui, entrevoit la misère qui menace, et le sentiment de l'intérêt général qui exige un grand effort.

» Aussi en pareille circonstance, l'ordre d'une levée en masse, d'une nouvelle conscription semble impolitique, l'exécution semble impossible. Ce que j'obtiens de tous les ordres que je donne en est la preuve, et s'il y a quelque exception à faire, elle est à peine sensible, et tient d'une part à l'habitude heureuse d'un peuple soumis qui sait obéir ou aux vexations commises par l'ennemi, qui raniment un peu le sentiment de l'orgueil national presque flétri par la misère et les malheurs publics.

» Tout ceci, Monsieur, n'est pas tracé à plaisir, je dis ce que je vois, ce que je sens, ce que je crois, comme je le sens, et je gémis de la situation des habitants du département que je suis chargé d'administrer. Vous rapporter ce qu'on dit, ce qu'on pense serait une entreprise folle, elle pourrait avoir des conséquences fâcheuses, parce que si je jugeais sur les rapports des autres, je ferais sans cesse des méprises ; que sans doute vous n'exigez pas que je répète ce qu'on me dit, et que vous n'y êtes pas exposé. Je me borne à mes occupations qui sont assez multipliées pour ne pas me laisser de temps à

____

(1) M. Faure, du reste peu connu.

perdre en écoutant des conversations oiseuses. — Mais comme il vous faut un régulateur pour former votre opinion sur l'état moral du département, je vous indique pour règle certaine le résultat des efforts de nos troupes : si nous avons des succès on se réjouira tout en sentant la douleur des plaies qu'on aura reçues ; dans le cas contraire on baissera la tête, on murmurera, on se soumettra à la misère, à l'humiliation, et on ne fera rien pour en sortir. N'attendez pas, je vous prie, un rapport journalier, je n'aurais rien à changer à celui-ci, et très-souvent je n'aurais pas le temps d'en faire un autre.

» Je suis .. . »

§ 5. — Le parti royaliste à Troyes.

Pétition de MM. Vidranges, de Gouau, etc., pour le rétablissement des Bourbons. (1)

A LL. MM. LES CHEFS DÉS ARMÉES ALLIÉES.

» Sires,

» Les habitants de la ville de Troyes se sont toujours distingués par leur attachement pour leurs Souverains. Ils en ont donné des preuves éclatantes à l'infortuné Louis XVI. Après avoir été asservis pendant vingt-deux ans, le premier usage qu'ils font de leur liberté est de manifester leur vœu pour le rétablissement de la dynastie des Bourbons. Maîtres du royaume entier, Sires, vous aurez assez fait pour votre gloire ; donnez à l'univers un exemple de magnanimité bien digne de Vos Majestés. En rendant à la France son roi, ses lois, sa religion, vous lui assurerez le bonheur, et à l'Europe une longue paix. Si les habitants de la ville de Troyes, Sires, peuvent se flatter de cet espoir, rien ne troublera plus la joie qu'ils éprouvent de posséder Vos Majestés dans leurs murs. »

(Signatures) (2).

§ 6. — 1er séjour de Napoléon à Troyes.

Lettre de Napoléon au duc de Raguse. (3)

« Mon Cousin,

» Il doit arriver ce soir 6 à Nogent-sur-Seine deux bataillons de la garde. Il doit y arriver également deux bataillons de la garde venant de

---

(1) Histoire de 1814, par M. de Beauchamps. Tome I. Pièces justificatives. L. VII. n° XXVIII.

(2) Elles ne sont pas indiquées.

(3) Manuscrit de la Bibliothèque, n° 2,115. — Copie. — Signature autographe.

Châlons ; ce qui fera quatre bataillons de la garde. — Il arrivera demain 7 à Nogent une colonne de 3,000 hommes de la garde, dont 800 chevaux et 2 pièces de canon ; ils sont partis le 4 de Paris. — C'est donc une division de 5,000 hommes qu'il faut réunir à Nogent et qui doit être disponible aujourd'hui à Provins et à Nogent, et qui le sera demain 7 à Nogent. — Ce soir, 6, couchera à Nangis une division venant d'Espagne, forte de 6,000 hommes. Elle sera donc demain 7 de bonne heure à Nogent. La deuxième division venant d'Espagne y arrivera le 8. 32 bouches à feu du parc doivent y être arrivées. — Le sixième bataillon du 10e léger y arrivera le 7. — Le sixième bataillon du 2e léger, et le sixième du 36e de ligne y arriveront le 8. Il y aura donc à Nogent, le 7, une division de la garde de 5,000 hommes ; le 7 et le 8, deux divisions venant d'Espagne, 12,000 hommes ; et trois bataillons du camp de Bordeaux, c'est-à-dire la valeur de 20,000 hommes. ·

» Sur ce, je prie Dieu qu'il vous ait en sa sainte et digne garde.

» A Troyes, ce 6 février 1814.

« NAPOLÉON. »

---

§ 7. — Réquisitions. — Proclamation de M. Gayot (imprimé). (1)

PRÉFECTURE DE L'AUBE.

Le Secrétaire général de la Préfecture de l'Aube, exerçant par interim les fonctions de Préfet du département, par ordre exprès de Son Altesse le prince Hohenlohe-Barteinstein, gouverneur militaire des départements de l'Aube, de la Haute-Marne, de la Côte-d'Or et de l'Yonne.

Vu la réquisition adressée à la Préfecture du département de l'Aube, le 11 de ce mois, par S. A. le prince Hohenlohe-Barteinstein, et ayant pour objet la livraison dans les magasins à Troyes, pour les besoins des armées alliées, par toutes les communes du département,

Savoir :

12,000 quintaux de farine ordinaire ;

6,000 — de id. plus fine ou 3,000 quintaux de riz ;

400 quintaux de sel ;

12,000 pièces de vin, à 80 pintes environ la pièce, ou 3,000 pièces de même mesure d'eau-de-vie ;

70,000 mesures d'avoine, la mesure évaluée 8 rations ;

18,000 quintaux de foin ;

1,000 pièces de bœuf, la pièce à 4 quintaux.

---

(1) Archives départementales de l'Aube. Liasse R. 1481.

Pour être, la livraison, effectuée en entier en cinq différentes époques et par égales parties, savoir :

La première partie, le 15 du présent mois;

La deuxième — le 20;

La troisième — le 25;

La quatrième — le 28;

Et la cinquième — le 5 mars prochain.

Et la répartition présentée à Son Altesse dans les vingt-quatre heures, en lui justifiant de la publication de ladite réquisition dans les diverses communes;

Attendu l'urgence, arrête comme forcé et contraint ce qui suit :

Article 1er.

Les communes dénommées au tableau seront tenues de fournir et livrer dans les magasins à Troyes, aux époques et de la manière ci-après indiquées, les objets suivants;

Savoir..... (comme plus haut) :

Article 2.

Aussitôt la réception du présent arrêté, les Maires des communes du département seront tenus, sous peine d'exécution militaire, de répartir, chacun en ce qui le concerne, les objets de la présente réquisition qui leur auront été assignés sur les habitants qui les possèdent. Ils nous adresseront immédiatement l'état indicatif de ces habitants et de ce qu'ils devront fournir.

Article 3.

Chaque particulier qui aura été désigné pour satisfaire à la présente réquisition sera pareillement tenu, sous peine d'exécution militaire, de livrer les objets qui lui auront été assignés....

Article 4.

Les magasins sont établis, savoir :

Pour la farine, le sel et l'avoine, dans les bâtiments de la Préfecture;

Pour le vin, à la Halle-aux-Vins, située au faubourg de Croncels de Troyes;

Pour le foin et pour les bœufs, dans les bâtiments des ci-devant Jacobins, à Troyes....

Article 5.

Et attendu que les communications avec les différentes communes du département sont interceptées totalement, et qu'il n'existe aucun moyen à notre disposition pour leur transmettre les réquisitions qui seront faites en exécution du présent arrêté, S. A. le prince Hohenlohe-Barteinstein est prié de faire parvenir par les ordonnances lesdites réquisitions, et de donner les ordres nécessaires pour faire escorter les objets requis jusqu'à Troyes....

A Troyes, le 12 février 1814.

Le Préfet par interim,

GAYOT.

*Lettre du prince de Hohenlohe, avec l'orthographe textuelle
(Autographe) (1).*

GOUVERNEMENT MILITAIRE.

A M. le Préfet par interime du département de l'Aube.

Monsieur !

Vous êtes requis de faire fournire dans l'espace de deux heures au plus tard et sous peine d'exécution militaire :

Deux cents crampons,

Cent clouds de la longueure d'un p. 1/2 et de l'epaiceure d'un pouce,

Mille clouds de la longueure de dix p.,

Pour servire aux planches qui seront de l'épaiceure de deux à trois pouces et ensuitte

Environ deux cents planches pour servire à couvrire les ponts, de l'épaisseure de 2 à 3 pouces.

Troyes, ce 6 mars 1814.

Le prince de HOHENLOHE-BARTEINSTEIN, lieutenant-général et gouverneur.

---

§ 8. — 2e séjour de Napoléon à Troyes.

Décrets du 24 février 1814 (2).

Au quartier impérial de Troyes, le 24 février 1814.

Napoléon....

Considérant que le préfet du département de l'Aube a quitté le territoire de son département, et notamment l'arrondissement de Nogent, lorsque nos troupes l'occupaient encore; que depuis il ne s'est pas mis en mesure de venir reprendre ses fonctions au moment de l'évacuation du chef-lieu de son département par l'ennemi,

Nous avons décrété...

ARTICLE 1er. — Le baron Cafarelli, préfet du département de l'Aube, est destitué.

Au quartier impérial de Troyes, le 24 février 1814.

Napoléon....

Nous avons décrété...

1. Il sera dressé une liste des Français qui, étant au service des

(1) Archives départementales de l'Aube. Liasse R. 1481.

(2) *Moniteur* du 28 février 1814.

puissances coalisées, ou qui, sous quelques autres titres que ce soit, ont accompagné les armées ennemies dans l'invasion du territoire depuis le 20 décembre 1813.

2. Les individus qui se trouveront compris sur ladite liste seront traduits, sans aucun délai, et toutes affaires cessantes, devant nos cours et tribunaux, pour y être jugés, condamnés aux peines portées par les lois, et leurs biens être confisqués au profit du domaine de l'Etat, conformément aux lois existantes.

3. Tout Français qui aura porté les signes ou les décorations de l'ancienne dynastie, dans les lieux occupés par l'ennemi, et pendant son séjour, sera déclaré traître, et comme tel jugé par une commission militaire et condamné à mort. Ses biens seront confisqués au profit du domaine de l'Etat.

---

§ 9. — Nouvelle tentative pour soulever la nation.

Décrets datés du 5 Mars de Fismes (1).

Napoléon....

Considérant que les généraux ennemis ont déclaré qu'ils passeraient par les armes tous les paysans qui prendraient les armes,

Nous avons décrété :

ARTICLE 1er. — Tous les citoyens français sont non-seulement autorisés à courir aux armes, mais requis de le faire ; de sonner le tocsin aussitôt qu'ils entendront le canon de nos troupes s'approcher d'eux, de se rassembler, de fouiller les bois, de couper les ponts, d'intercepter les routes et de tomber sur les flancs et sur les derrières de l'ennemi.

ARTICLE 2. — Tout citoyen pris par l'ennemi, et qui serait mis à mort, sera sur-le-champ vengé par la mort, en représailles, d'un prisonnier ennemi.

Napoléon....

Considérant que les peuples des villes et des campagnes indignés des horreurs que commettent sur eux les ennemis, et spécialement les Russes et les Cosaques, courent aux armes, par un juste sentiment de l'honneur national, pour arrêter les partis de l'ennemi ; enlever ses

(1) *Moniteur* du 7 mars 1814.

convois et lui faire le plus de mal possible; mais que, dans plusieurs lieux, ils en ont été détournés par le maire ou par d'autres magistrats (1);

Nous avons décrété....

ARTICLE 1er. — Tous les maires, fonctionnaires publics et habitants qui, au lieu d'exciter l'élan patriotique du peuple, le refroidissent ou dissuadent les citoyens d'une légitime défense, seront considérés comme traîtres et traités comme tels.

(1) On trouve ainsi une circulaire imprimée, datée du 23 février 1814, rédigée par un certain M. Detorcy, juge de paix de Vitry-sur-Marne, qui reproche aux habitants de s'être battus contre les Prussiens, et les menace de punitions sévères. (Archives départementales. Liasse R. 4466.)

TROYES — IMP. DUFOUR-BOUQUOT

www.ingramcontent.com/pod-product-compliance
Lightning Source LLC
Chambersburg PA
CBHW061754050726
47598CB00002B/727